PROPÓSITO
inabalável

BRUNO J. GIMENES

PROPÓSITO
inabalável

Aprenda a **CONQUISTAR SEUS SONHOS**
mesmo que tudo pareça estar contra você

3ª Edição - Nova Petrópolis/RS - 2019

Capa: Marina Avila
Edição: Luana Paula de Aquino

Dados Internacionais de Catalogação na Publicação (CIP)

G491p   Gimenes, Bruno J.
          Propósito inabalável: aprenda a conquistar seus sonhos mesmo que tudo pareça estar contra você / Bruno J. Gimenes. – 3. ed. – Nova Petrópolis : Luz da Serra, 2019.
          160 p. ; 23 cm.

          ISBN 978-85-64463-52-3

          1. Autoajuda. 2. Missão de Vida. 3. Autoconhecimento. 4. Desenvolvimento pessoal. 5. Propósito. I. Theml, Geronimo. II. Título.

                                               CDU 159.947
                                               CDD 158.1

Índice para catálogo sistemático:
1. Autoajuda   159.947
(Bibliotecária responsável: Sabrina Leal Araujo – CRB10/1507)

Todos os direitos reservados. Nenhuma parte desta obra pode ser reproduzida ou transmitida por qualquer forma e/ou quaisquer meios (eletrônico ou mecânico, incluindo fotocópia e gravação) ou arquivada em qualquer sistema ou banco de dados sem permissão escrita da Editora.

Luz da Serra Editora Ltda.
Avenida 15 de Novembro, 785
Bairro Centro
Nova Petrópolis/RS
CEP 95150-000
editora@luzdaserra.com.br
www.luzdaserra.com.br
www.luzdaserraeditora.com.br
Fones: (54) 3281-4399 / (54) 99113-7657

Dedico este livro a todas as pessoas que tem seus próprios sonhos, mas não conseguem realizá-los, porque ficam presas a sonhos que não são delas.

A todas as pessoas que querem viver suas próprias vidas e não a vida que a sociedade acredita que elas devem viver.

A todas as pessoas que se olham no espelho e não se reconhecem, porque se tornaram a projeção do que o mundo externo quer que elas sejam.

Dedico este livro a todas as pessoas que definitivamente querem ser elas mesmas...

Querem ser o que nasceram para ser!

SUMÁRIO

PREFÁCIO
Geronimo Theml..10

**VOCÊ VIVE TENTANDO SER
O MELHOR QUE CONSEGUE SER,
MAS NUNCA SE SENTE BOM O BASTANTE?**..........15

**PARTE 1.
POR QUE EU FUI MOTIVADO
A ESCREVER ESTE LIVRO**..19
Quem sou eu e por que estou falando deste tema........24

**PARTE 2.
AS PRIMEIRAS CONCLUSÕES**....................................45
Uma realidade assustadora 47
Primeira conclusão..51
A missão de cada um..54
    Missão "Eu"..54
    Missão "Meus"...57
    Missão "O Todo"..58
O Mito da Missão...60

Segunda conclusão..62
Terceira conclusão..63

PARTE 3.
AS 3 SOMBRAS DA MENTE..................................67
Os 3 princípios que mudam tudo............................69
A primeira sombra: a família..................................71
Motivo 1 - Egoísmo Disfarçado................................72
Motivo 2 – Tradição..74
Motivo 3 – Conforto...75
Motivo 4 – Honra...76
Motivo 5 – Matilha...77
Avalie-se..84
A segunda sombra: a sociedade............................86
Motivo 1 – Pertencimento.......................................87
Motivo 2 - Manter a harmonia do caos....................89
Motivo 3 - Projeção da felicidade: comparações e cobranças..91
Motivo 4 - Medo da perda..92
Avalie-se..97
A terceira sombra: o Eu Superior..........................99
O que significa alinhar o seu Eu Superior...............107
Os poderes do Eu Superior ativados......................109
Avalie-se..112

PARTE 4.
COMO DOMAR AS SOMBRAS DA MENTE..............115
Atue na sombra mais tóxica.................................119

PARTE 5.
PROPÓSITO INABALÁVEL................................121

PARTE 6.
**O DIA EM QUE AS COISAS
NÃO ESTIVEREM TÃO BEM**..............................129
Ative o Fluxo do Amor.......................................135
Passo 1 – Admiração..135
Passo 2 – Gratidão...138
Passo 3 – Inspiração...144

PARTE FINAL
SEJA VOCÊ MESMO SEMPRE............................149

PREFÁCIO

SE EU E VOCÊ FORMOS MINIMAMENTE PARECIDOS, provavelmente adoramos começar a leitura de um livro novo e, se ele for bom, então, dá vontade de que o mundo pare por um tempo para conseguirmos ler até o final, sem termos de parar ou sermos interrompidos por outras tarefas do dia a dia.

Mesmo que você não seja tão apaixonado por livros como eu, o que eu duvido, porque do contrário dificilmente você estaria lendo o prefácio, ainda assim o fato de você estar fazendo a leitura é suficiente para o exercício que vamos fazer juntos agora.

Eu preciso que você responda o primeiro nome que vier a sua cabeça: quem é a pessoa que, se ligasse para você neste exato momento, dizendo que precisa da sua ajuda e da sua presença em um lugar a cerca de 20 quilômetros de distância, faria com que você parasse essa leitura imediatamente, sem pensar duas vezes, e fosse ao encontro dela? Veja, não estou falando que essa pessoa está em estado grave ou algo do tipo, ela apenas fez esse pedido de ajuda e precisa do seu auxílio agora.

Quando faço essa pergunta, sempre existe quem me responda imediatamente quem seria essa pessoa ou as pessoas pelas quais largaria tudo, já outros precisam de um pouco mais de tempo para pensar melhor. Eu não sei exatamente qual é o seu caso, mas, de um jeito ou de outro, o nome que vier a sua cabeça é o seu propósito inabalável para parar o que está fazendo agora, largar tudo e se deslocar a um local a 20 quilômetros de distância de onde se encontra.

Se você olhar para trás neste momento e começar a investigar todas as conquistas e realizações que já teve na vida, provavelmente perceberá que a maioria delas contou com algo que moveu você adiante. Não necessariamente foi uma pessoa e nem sempre você esteve consciente do que o fez realizar, mas certamente o seu fator motivador, o seu propósito inabalável, pesou diretamente naquela ocasião.

Está certo, Geronimo, mas como isso me ajudará na minha jornada nesta existência? Esse conceito simples é extremamente poderoso. Se você ver que existe um propósito que seja inabalável que o faria largar a leitura deste livro agora e ir até um local distante, podemos achar ou até mesmo criar conscientemente propósitos inabaláveis para conquistar praticamente tudo o que queremos na vida.

Sempre que estou nos meus treinamentos e vejo pessoas que não conseguem realizar o que querem da vida delas – seja por procrastinarem, seja por medo do que terão pela frente, seja por qualquer outra razão –, percebo que muitas delas estão naquela situação simplesmente porque não encontraram o propósito inabalável que as façam agir de forma direcionada e constante até alcançarem aquilo que querem.

E, se é tão simples assim, por que todos nós não temos propósitos inabaláveis que nos conduzam a uma vida extraordinária? O Bruno J. Gimenes mostra ao longo deste livro como as três sombras da mente nos bloqueiam e nos impedem de descobrir quem somos em essência.

O Bruno revela o caminho para podermos nos limpar das sombras da família, do Eu Superior e da sociedade. Ele fala que, enquanto não nos livrarmos delas, não saberemos quem somos em essência. Se não soubermos disso, o que acontece na prática é que na maioria das vezes estabelecemos propósitos frágeis, abaláveis, pois eles estão sendo estabelecidos sob as sombras da mente.

Daqui para frente, aproveite sua jornada e lembre-se que as próprias sombras vão buscar evitar que você as aceite para que elas não sejam descobertas e sigam vivas dentro de você.

Então, permita-se iniciar essa jornada de forma suave, com a cabeça aberta para aproveitar tudo que virá de bom pela frente.

Com certeza, virão muitas coisas boas. Uma conversa com o Bruno Gimenes de poucos minutos sempre me leva adiante em termos de conhecimento e evolução pessoal, imagine um livro em que ele se dedicou profundamente para reunir conhecimento útil para você seguir firme na sua caminhada.

E como eu espero que ninguém tenha ligado de verdade para você largar tudo e ir a 20 quilômetros de distância, simplesmente inicie seu caminho para achar seus propósitos inabaláveis.

Que na sua jornada você tenha espaço para ser luz para as pessoas ao seu redor, iluminando-as e ajudando para que as sombras delas também sejam combatidas, assim como as suas serão.

Um abraço e vamooooooooo!

GERONIMO THEML
Coach e escritor best-seller
especializado em gerar mudança de vida

VOCÊ VIVE TENTANDO SER O MELHOR QUE CONSEGUE SER, MAS NUNCA SE SENTE BOM O BASTANTE?

Você sente que faz o que os outros querem que você faça, mas não faz o que gostaria de fazer na maioria das vezes? Você percebe que não é o que nasceu para ser?

Mesmo depois de conquistas, sente como se alguma coisa estivesse faltando na sua vida? Você vive tentando ser o melhor que consegue ser, mas nunca se sente bom o bastante?

Quando você olha ao seu redor, parece que só você não tem o sucesso que gostaria, na vida, no trabalho e na família.

Você gostaria de viver a sua missão e fazer as coisas acontecerem de um jeito mais fácil do que a batalha diária que precisa enfrentar para ter a vida que sonha?

Neste livro você vai descobrir que existem três fatores que bloqueiam a sua felicidade, a sua prosperidade, a sua autoestima e a sua missão de vida. Você não os percebe e ninguém lhe conta nada sobre eles.

Porém, esses três fatores são três "eu's" dentro de você, ou seja, são três sombras da sua mente que precisam ser domadas e controladas para que você viva o seu melhor.

Este trabalho é a minha contribuição para que você acabe com a dor de não ser você mesmo. Acabe com o sentimento terrível de querer sempre a aprovação de outras pessoas e de nunca se sentir completo, independente das conquistas ou de tudo à sua volta.

E, por fim, este livro vai lhe ajudar na conquista de propósitos inabaláveis, capazes de criar a vida que você sempre sonhou. Se algo não deu certo na sua vida ou há coisas que você ainda não conquistou, é porque você não estava envolvido com a força do propósito inabalável.

Saber esse caminho lhe transformará em uma pessoa intensa, resiliente, sintonizada com sua verdade e carregada de poder pessoal.

PARTE 1.

POR QUE EU FUI MOTIVADO A ESCREVER ESTE LIVRO

Eu escrevi este livro com a motivação de saber que, se você aplicar as táticas de clareza que este conteúdo propõe, você encurtará o caminho para o seu sucesso de uma forma definitivamente mais rápida.

Mesmo sabendo que o sucesso pode ter diferentes definições – ser feliz, encontrar o amor da sua vida, empreender em um novo negócio, atingir metas, curar--se, etc. – eu tenho certeza, seja qual for a sua própria definição, que você aumentará substancialmente as suas chances de alcançá-lo com este conhecimento.

Eu fico imaginando como tudo teria sido diferente, a alguns anos atrás, quando enfrentei grandes desafios e incertezas, se eu conhecesse a influência sutil que as três sombras da mente exerciam na minha vida naquela época.

Com certeza, se soubesse o jeito certo de impedir que essas forças bloqueadoras agissem sobre mim, eu teria sofrido muito menos e realizado mais, empreendido mais, impactado mais pessoas e possivelmente me sentiria muito mais feliz e livre.

Eu acredito que, dentro de muito pouco tempo, as pessoas vão começar a perceber a contaminação das sombras da mente em suas vidas, assim como estão cientes de que a água contaminada pode transmitir doenças. E já que estou usando uma analogia para introduzir esse tema, eu tenho certeza que você é ciente de que só pode ingerir água de fonte conhecida e qualidade certificada, caso contrário irá correr o risco de contrair vários tipos de doenças.

Eu dediquei energia e muito amor para simplificar ao máximo o conteúdo deste livro com o objetivo de que, ao final dele, você consiga melhorar de forma radical a sua força de realizar os seus sonhos.

Tenha certeza que mesmo as melhores conquistas da sua vida vão atingir estágios ainda mais avançados quando você conseguir dominar as três sombras que bloqueiam a sua vida, o seu sucesso, a sua prosperidade, a sua harmonia e, principalmente, a sua felicidade.

Além de apresentar o potencial destruidor dessas três forças quando em desequilíbrio na sua vida, este livro mostra o caminho para reverter esse processo de uma vez por todas.

Por meio desse conhecimento você vai ter uma incrível visão do motivo de muitos sonhos não terem se realizado e de outros tantos ainda estarem engavetados. Você entenderá as reais razões!

Quando você tomar ciência e começar a aplicar as táticas de consciência, você vai se perguntar: Como é que eu nunca pensei nisso antes? Como eu não entendi isso antes?

Aprenda a controlar – o que significa educar e até domar – as três sombras e descubra um novo nível de energia, força, propósito, realização e felicidade para viver uma vida incrível.

Felicidade é uma conquista, que vem de muito treino e de muita dedicação. Você tem direito a ela, bem como possui o merecimento de saber caminhos para encurtar a sua jornada.

Todos nós podemos ser felizes se soubermos entender as leis naturais que regem a nossa vida. Quanto mais acesso você tiver aos atalhos corretos, mais você terá tempo de viver sua vida em um nível máximo de realização, propósito e significado.

«Seja feliz, mas seja feliz o quanto antes!»

Esse é o meu desejo. Eu tenho um sincero desejo que você seja feliz o mais rápido que você puder.

QUEM SOU EU E POR QUE ESTOU FALANDO DESTE TEMA?

Eu sou natural da cidade de Salto, no interior de São Paulo. Sou o filho mais novo da Dona Vera e do Seu Antônio. Acredito que, desde criança, sempre fui mais bloqueado e mais introvertido em comparação aos meus irmãos Paula e Gustavo.

Na infância fui muito tímido, daqueles que não falava muito e tinha medo de fazer muitas coisas, como enfrentar uma fila de banco ou pegar um ônibus sozinho. Após os meus 14 anos, comecei a me soltar um pouco mais, principalmente por conta do trabalho no balcão do comércio da família.

Acredito que o contato diário com os clientes da loja dos meus pais me ajudou no processo de desinibição. Trabalhei no negócio familiar dos 11 aos 17 anos, após ingressei em meu primeiro trabalho em uma indústria como estagiário de química.

Continuei me desenvolvendo e, pouco tempo depois, fui efetivado e comecei a ocupar uma função de maior responsabilidade e liderança.

Meu trabalho era interessante, eu tinha grande alegria em tudo o que fazia, aprendia e colaborava. Dessa forma, não demorou muito tempo para que eu começasse a me destacar. Fiquei lá por um bom período e me desenvolvi bastante em muitos aspectos.

Então, depois de cinco anos nessa empresa, ela entrou em crise, o futuro estava incerto, mas com muita rapidez recebi uma boa proposta de trabalho em uma empresa do mesmo segmento.

Aparentemente tudo parecia perfeito: a proposta, o desafio, o salário e os benefícios. Eu estava motivado, mas, com o tempo, percebi que tinha entrado em uma grande roubada.

Eu digo isso, principalmente, porque os princípios e valores que norteavam a minha vida eram muito diferentes do que aquela empresa aplicava em sua gestão.

Eu me orgulho em dizer que sou aquele tipo de pessoa que gosta de contemplar todas as experiências que vivo, sejam boas, sejam ruins, com respeito e gratidão.

Mas não posso negar que até hoje eu tenho pesadelos, em que estou trabalhando naquela empresa ainda e que tenho de fazer coisas das quais não gosto ou com as quais não concordo.

Eu tinha uma posição de liderança e era obrigado a tomar muitas decisões que afetavam dezenas de pessoas. Os meus valores pessoais pediam que as minhas decisões fluíssem por um lado, mas os valores da empresa me exigiam que eu agisse por outro completamente diferente.

Eu me sentia muito mal, sentia-me corrompido, fraco, mentiroso. Eu não gostava do líder que eu era. Não podia conviver com aquele sentimento no meu coração.

Mesmo assim, eu ainda tinha muita esperança que as coisas iam melhorar e que aquilo tudo era apenas uma fase. Como uma das minhas melhores qualidades sempre foram a criatividade e a persistência, eu tinha fé que iria encontrar um jeito de mudar tudo para melhor.

Porém, a sensação de vazio, tristeza e falta de sentido na vida começou a me invadir o peito. Eu sabia que precisava fazer algo, mas não sabia exatamente o que e nem como. E, nesse meio tempo, os meus hábitos alimentares, o meu estilo de vida e as minhas emoções só ficavam piores.

Ainda me lembro daqueles dias sombrios em que eu me levantava, tomava banho e café chorando de tristeza, enxugava as lágrimas e ia trabalhar. Eu caí em depressão! Estava visivelmente exausto, soterrado por minhas emoções e surtado. Foi quando conversei sobre o meu estado com o meu diretor, que era uma pessoa totalmente racional, que mais parecia ter um coração de pedra.

Eu nem precisei argumentar que estava em crise, já que a minha aparência denunciava tudo. Eu queria a demissão, mas depois de um pouco mais de meia hora de conversa ele me convenceu a tirar 45 dias de licença.

Aceitei a sugestão e decidi me restabelecer. Nesses dias, o meu foco foi em me encontrar, em me estabilizar emocionalmente, refazer-me por mim mesmo.

Fiquei mais centrado, dormi um pouco mais, rezei mais, meditei mais e procurei um pouco de paz na natureza, porque nessa época eu morava com os meus pais em uma chácara muito boa de se viver, um lugar com cheiro de mato. Depois de 46 dias, eu estava renovado e muito disposto a voltar ao trabalho.

Eu recebi um convite para uma nova função desafiadora dentro da empresa. Isso me motivou.

Confesso que nos primeiros 50 dias, tudo parecia ser renovado quando uma situação inusitada aconteceu. Eu estava acompanhando uma visita técnica de um cliente em uma das linhas de produção da empresa. Eu e o meu diretor andávamos calmamente com os visitantes, que, por sinal, eram de uma multinacional japonesa muito conhecida. Eles observavam os operadores de cada posto de trabalho e tudo fluía perfeitamente bem.

Até que um dos nossos melhores colaboradores, reconhecido por sua dedicação e qualidade técnica no trabalho, talvez por sentir-se nervoso com a presença dos visitantes ou por descuido, deixou cair uma peça metálica no chão.

Naquele exato instante, o meu diretor me chamou de lado e disse: "Bruno, demita ele agora!"

Eu tentei argumentar dizendo que ele era um dos nossos melhores colaboradores, bem como que sua esposa estava grávida, e sugeri que déssemos talvez uma severa advertência, mas também uma segunda chance.

Contudo, o meu diretor estava irredutível. Ele não tinha sequer um pingo de respeito e coerência, afinal o colaborador era um dos nossos mais dedicados e eficazes da equipe.

Eu tive que me ausentar da visita, chamar aquele menino de aproximadamente 22 anos ao lado e dizer que ele estava demitido por aquela falha na frente dos visitantes.

Ele argumentava dizendo que não podia ser demitido por conta da sua esposa grávida e que precisava honrar seus compromissos financeiros.

Além disso, ele sabia que o erro que cometera não era tão grave. Outros funcionários já tinham cometido falhas semelhantes e nem por isso foram desligados da empresa.

Com o coração partido, eu tive que sustentar a informação e dizer que ele não tinha uma segunda chance. Aquele menino saiu da minha frente e se dirigiu ao setor administrativo no mesmo instante. Ele saiu revoltado, desesperado e chorando.

Eu sentia como se um punhal estivesse atravessando o meu estômago. Confesso que, mesmo com 22 anos de idade, eu já tinha passado pela péssima experiência de demitir muitas pessoas, mas por motivos justos.

Porém, naquela situação, o motivo era cruel. A falha não era tão grave e os próprios visitantes não notaram o ocorrido, mas o diretor era irredutível.

Naquele dia, eu me sentia como alguém que tinha feito um pacto com o diabo! Eu comecei a sentir que estava me vendendo aos poucos, ou seja, estava me corrompendo.

Então, todo aquele sentimento de depressão, tristeza e vazio no peito voltaram. Eu não podia suportar mais aquele tipo de vida. Sem contar que as coisas não iam bem nos meus relacionamentos e na minha família. Tudo estava um caos.

Nesse período, eu comecei a recorrer à prece! Sempre fui de rezar muito, contudo nunca tive uma linha espiritual definida. Considero-me um universalista. Para mim, a melhor religião é a do coração e a melhor filosofia é a de fazer o bem.

Do meu jeito, eu comecei a rezar fervorosamente, principalmente antes de dormir, pedindo ajuda para mudar ou esclarecer aquela situação. Eu queria tomar uma atitude drástica, mas não podia ser inconsequente.

Em uma das noites, eu tive um sonho que foi uma típica experiência mística. Naquele sonho, um índio apareceu e me disse que tudo iria se arrumar.

De fato, algo aconteceu.

Recebi um telefonema com uma proposta. Uma grande amiga, que foi minha gerente por muitos anos na primeira empresa em que eu trabalhei, convidou-me para trabalhar com ela novamente.

Mas a empresa ficava em outro Estado e eu precisaria me deslocar definitivamente para Porto Alegre, no Rio Grande do Sul, e abandonar o conforto e o comodismo da vida no interior de São Paulo, o convívio com meus pais e irmãos.

Mesmo vivendo um período confuso, de emoções perturbadas e muitas brigas na família, ainda sim, preferia viver daquele jeito turbulento a tentar um novo desafio em uma outra cidade.

Eu simplesmente travei. Se, por um lado, eu tinha pedido aos céus fervorosamente por uma mudança na minha vida, por outro, não tinha coragem de aceitar essa oportunidade profissional e pessoal.

Eu sentia que era o caminho certo a ingressar, mas tinha medo da reação dos meus pais, preocupava-me com a opinião do resto da família, incomodava-me com o olhar desconfiado de amigos, vizinhos e da sociedade em que eu convivia.

E o grande fato é que até hoje eu nem sei direito exatamente o que cada pessoa pensava realmente a respeito dessa minha ideia de mudar de vida e aceitar um desafio em outra cidade, mas posso dizer que eu me importava muito com o que eles pensavam sobre mim.

Também lembro dos comentários de meus pais, porque eles entendiam a minha vontade de mudança profissional, mas não compreendiam o motivo pelo qual isso teria de vir acompanhado de uma troca de cidade, de estado.

Eu tremia por dentro de receios, inseguranças e por um sentimento forte que me sugava a energia, o de perceber que a minha atitude era desaprovada pela maioria das pessoas ao meu redor.

E eu sei muito bem que todas as pessoas que nos amam não têm essas atitudes de maneira mal-intencionada, longe disso. Contudo, essa influência não deixa de ser negativa mesmo assim.

Eu sentia que os medos, as opiniões e as incertezas alheias só me roubavam ainda mais o restinho de confiança que eu tinha.

Então, depois de enfrentar meus próprios medos e as projeções de terceiros que me roubavam a energia, decidi enfrentar tudo. Em pouco mais de um mês, eu estava me mudando para Porto Alegre no novo desafio profissional, acompanhado do desafio de morar longe da minha família e também de morar sozinho pela primeira vez.

O tempo foi passando, eu fui me adaptando aos poucos à vida e ao trabalho novos. Confesso que tive bons momentos. Apesar disso, aquele velho sentimento de vazio no peito, depressão e tristezas começou a me invadir novamente.

Dessa vez, eu sentia a minha imunidade também muito abalada. A cada 45 dias aproximadamente, eu manifestava uma doença. Às vezes era uma gripe, em outras ocasiões uma crise de fígado e, mais frequentemente, um mal-estar generalizado.

Minha saúde física estava péssima e, mais uma vez, eu estava me sentido péssimo. Porém, naquele momento, o meu trabalho era bom, eu tinha reconhecimento e um bom clima profissional. No entanto, eu me sentia vazio, sem vida e sem um propósito que trouxesse sentido a tudo.

Posso dizer que eu tinha tudo, mas não era nada!

Na tentativa de começar a entender e tratar, de uma forma mais profunda, tudo que acontecia comigo, eu comecei a procurar as terapias naturais. Naquela época, eu busquei conhecimentos como o Reiki, a Cromoterapia, a Radiestesia, a Bioenergia e a Terapia Holística.

Comecei a sentir efeitos positivos em muito pouco tempo, e isso me motivou! Eu confesso que fiquei tão impressionado com tudo que eu vi no contexto da Terapia Holística, que me motivei fortemente a me tornar um profissional da área, fazendo todos os cursos que podia.

Durante a semana, eu tinha o meu trabalho normal como químico, mas, nos finais de semana, eu consumia todas as minhas horas livres estudando e praticando o que aprendia com amigos e pessoas próximas.

Eu sentia um grande propósito fluindo nesse novo conhecimento. Parecia que tudo fazia mais sentido. Então, decidi trabalhar em paralelo como terapeuta holístico nas horas vagas. Eu atendia pessoas sempre à noite, depois do expediente, e muitas vezes aos finais de semana também.

Eu fui tocando os dois trabalhos em paralelo, até que percebi o chamado para tomar uma das decisões mais certas que já tomei na vida: mudar de profissão!

Eu senti o chamado de abandonar o meu trabalho certo, seguro e bem remunerado como químico para ingressar em uma profissão incerta, ainda pouco conhecida, e sem a menor noção das possibilidades de sucesso e crescimento que ela poderia dar.

Mas o que eu podia fazer se o meu coração, os meus sentimentos e cada célula do meu ser não conseguiam mais conviver com o Bruno químico?

O que eu podia fazer se havia dentro de mim um chamado para me tornar terapeuta holístico e professor de cursos de terapias naturais?

Eu só podia aceitar esse chamado e mergulhar fundo nele. Mas adivinhe só... Eu era alguém reconhecido e estimado na profissão antiga. Além disso, eu estudei por cerca de 9 anos para me qualificar como químico. E agora iria abandonar tudo?

O que os outros iriam pensar? O que meus pais iriam pensar? Quanta decepção eu iria causar aos meus familiares e amigos?

Esses pensamentos me consumiam, afinal, eu já estava prevendo o que todo mundo ia dizer: amigos, familiares e pessoas próximas.

E não era só isso, era toda uma sociedade me olhando de cara torta, porque ninguém sabia o que era essa coisa de Terapia Holística.

Até hoje essa modalidade é pouco conhecida, imagine no ano de 2002.

Eu adiei muito a decisão de mudar de emprego, porque essas opiniões alheias me consumiam. E, realmente, quando noticiei aos meus pais a minha vontade, eles ficaram muito preocupados.

Se antes a minha mudança para outro estado já os desagradava, imagine agora.

E, por mais que eu estivesse convicto da minha escolha, o fato dos meus pais não aprovarem a minha decisão me feria por dentro. Eu sentia como se um rim meu estivesse sento arrancado. Eu me sentia preso, angustiado e pesado.

Não é que eles me diziam que eu não deveria fazer. Eles somente expressavam o seu medo e a sua desconfiança quanto ao meu caminho. E, veja bem, eu já era independente, pagava as minhas contas e vivia a minha vida morando sozinho em uma casa no Rio Grande do Sul.

Mesmo assim, a cara de decepção deles quanto à minha decisão, consumia-me as forças. Mas eu fiz o que tinha de fazer! Não foi fácil, mas eu fiz!

Embora me sentindo livre, eu me sentia mal, porque sabia que estava acreditando em um sonho que só eu conseguia enxergar. O olhar de descrença das pessoas ao me redor me corroía. Os comentários e a preocupação dos outros me consumiam. Lembre-se que nada era mal-intencionado, mas, mesmo assim, faziam-me um mal danado.

Porém, estava feito! Eu fiz uma grande mudança mais uma vez...

Por muitas vezes, quando algumas pessoas desconhecidas me perguntavam o que eu fazia, sentia vergonha de dizer que não era mais químico, porque aquele título, ou melhor dizendo, aquele rótulo, alimentava o meu ego.

Por um tempo, quando perguntavam aos meus pais: "O que o Bruno faz?", eu percebia que eles não conseguiam explicar direito e também sentiam falta de dizer que eu trabalhava como químico em uma indústria no Sul do Brasil.

Eu persisti! Eu insisti! Eu me uni a pessoas que acreditavam no meu sonho e que sonhavam parecido. E as coisas foram difíceis, muito difíceis, mas ainda assim eu encontrava força e alegria para persistir no sonho. Tudo porque eu estava vivendo o meu propósito, eu via a vida com mais sentido.

Mas, embora eu me sentisse livre, feliz e com o sentimento de que estava vivendo a missão da minha vida, não via a prosperidade se manifestar.

Eu vivia muito limitado financeiramente. Sempre que pensávamos em algo para mudar a nossa realidade, as coisas não fluíam, sentíamo-nos presos, cheios de crenças negativas e limitantes, as quais demoraram muito para começar a desaparecer.

Em 2006, alguma coisa me dizia que tudo ia melhorar. Eu já tinha publicado o meu primeiro livro e já fazia um ano que, junto com a minha amiga Patrícia Cândido, havia fundado a Instituição Luz da Serra.

E, quando as coisas davam sinais de que iam melhorar, eu sofri um grave acidente de automóvel, que foi a pior e a melhor coisa que já me aconteceu na vida.

A pior porque doeu muito, fiquei de cama por muitos dias e praticamente 90 dias sem poder trabalhar. Fui ao fundo do poço em termos de finanças e autoestima. Sentia-me um derrotado e incompetente.

E foi a melhor coisa que me aconteceu porque, no acidente, ao colidir frontalmente com um caminhão, eu bati fortemente a cabeça e senti a pressão extrema do cinto de segurança, o que me causou a fratura do esterno, um osso localizado no tórax, na região do coração.

Você pode estar se perguntando: – E o que isso tem de melhor, Bruno?

É que, ao bater e ferir a cabeça e quebrar o esterno, algo aconteceu na minha consciência.

Eu não só feri a região da cabeça e a região do coração, mas eu também tive um choque de pensamentos e sentimentos que me fez enxergar a vida de uma forma completamente diferente e renovada.

Eu precisei bater forte a cabeça para mudar a minha cabeça! Eu precisei quebrar o esterno e bater forte nessa região para mudar o meu coração!

O primeiro grande fato aconteceu assim que eu voltei a trabalhar. Depois de me sentir recuperado, eu escrevi um livro em apenas 21 dias, com uma nova percepção sobre a vida, chamado *Decisões: encontrando a missão da sua alma*.

Até hoje ele é um dos mais vendidos entre todos os que já escrevi até o momento. Eu acredito que o principal motivo que tornou esse livro um grande sucesso em vendas foi justamente a entrega emocional com que o escrevi, além da própria intenção de que mais pessoas pudessem despertar.

O segundo grande acontecimento foi que, depois da minha recuperação, tanto eu quanto a Patrícia passamos a nos sentir mais gratos pela vida e pelo nosso trabalho, o que mudou nosso magnetismo geral. A nossa alegria aumentou e a nossa energia para realizar nosso propósito se renovou. O nosso brilho no olhar cresceu.

Hoje eu vejo que somente a força do propósito seria mesmo capaz de nos manter firmes diante de tantas influências, crenças e obstáculos que se colocavam em nossos caminhos. Eu acho muito interessante avaliar com a clareza de agora aquela fase do passado e perceber de forma tão clara e evidente as principais influências negativas que trancavam o nosso sucesso.

Foram muitos bloqueios, muitas dificuldades e muito trabalho. Eu não quero ficar detalhando aqui esses episódios, pois o meu único objetivo é mostrar como tudo o que vou lhe ensinar neste livro surgiu. Mas eu posso dizer que os fatos foram marcantes e desafiadores.

E mais uma vez eu preciso lembrar que 99% de tudo que nos impedia de crescer e expandir nossos projetos profissionais e de vida era alimentado por nós mesmos: nossas crenças e pensamentos inadequados em relação às conquistas que queríamos alcançar.

Agora é tudo muito claro, mas na época não era! Hoje as coisas acontecem mais rapidamente, de forma mais fluida e potente, porque estou sempre atento à influência das três sombras da mente. Atualmente, eu me movo da forma mais coerente possível para que essas sombras estejam controladas, ou melhor, para que sejam domadas.

Eu aprendi que, quando eu começo qualquer projeto novo, visualizo um sonho, um plano ou uma meta, eu devo prestar muita atenção nas sombras para que nada bloqueie o meu sucesso e tudo fique mais fácil, mais livre e mais gostoso de fazer.

Hoje, tanto eu, quanto a Patrícia Cândido e o nosso terceiro sócio, que se juntou a nós alguns anos depois de fundarmos a Luz da Serra, estamos vivendo a melhor fase de nossas vidas.

Temos o trabalho dos sonhos, prosperidade, alegria e uma vida com propósito. Eu particularmente posso dizer que vivo a vida dos meus sonhos. Sou muito feliz no meu casamento, na minha vida pessoal, em relação a tudo que conquistei material e emocionalmente. Tudo que eu alcancei pessoal e profissionalmente é mais que um sonho realizado.

Tornei-me um palestrante requisitado, autor de mais de 15 livros, criei um sistema de terapia natural inédito no mundo que utiliza o poder vibracional das plantas para tratar a alma das pessoas. A nossa rede de sites e canal do YouTube conta com mais de 30 milhões de visitas por ano (até o momento da edição deste livro).

Fomos o primeiro canal brasileiro do YouTube de desenvolvimento pessoal e espiritualidade a receber a placa de 100 mil inscritos. Na internet, fomos o primeiro curso on-line no segmento das terapias naturais a alcançar o impacto que conquistamos.

Tenho o orgulho de dizer que sou sócio de uma empresa genuinamente espiritualista em sua mensagem e em sua gestão. E os nossos programas on-line, bem como a nossa empresa, são líderes de mercado no nosso segmento.

Eu teria mais centenas de conquistas para falar, mas não vou continuar, pois o objetivo não é ficar me vangloriando do meu sucesso, mas apenas incentivá-lo. Se eu consegui me superar, saindo de um bloqueio pessoal profundo até alcançar a vida que eu tenho hoje, você também pode mudar a sua realidade.

Eu reconheço hoje que só consegui as maiores e melhores conquistas porque aprendi a entender e controlar as três sombras da mente. Eu posso e quero ajudá-lo. E é isto o que eu desejo:

«Que você domine as sombras da sua mente e que viva propósitos inabaláveis.»

Eu tirei também algumas conclusões desse profundo estudo e entendimento, o que considero que sejam princípios fundamentais para viver uma vida com toda autonomia, liberdade e energia que você merece.

Sempre que uma pessoa me mostra um projeto de vida, um sonho ou uma meta, a primeira coisa que faço é me certificar de que ela está alinhada a esses três princípios. Caso contrário, as coisas vão emperrar na vida dela.

A seguir, eu vou revelar a você cada uma das três conclusões a que cheguei após estes mais de dez anos de pesquisa, avaliação e prática. Depois, quando eu mostrar quais são as três sombras da mente, tudo ficará ainda mais claro.

Você compreenderá exatamente porque você não faz o que deveria fazer para vencer os desafios e conquistar os seus sonhos. Você saberá por qual motivo age de determinada maneira ou deixa de agir de acordo com a influência dessas três sombras.

PARTE 2.

AS PRIMEIRAS CONCLUSÕES

Antes de explicar os princípios aos quais você precisa se alinhar, além de como identificar e domar a influência das três sombras da mente na sua vida, quero convidá-lo a uma reflexão sobre o quadro atual da sociedade e fazer uma proposta: avalie se você se enquadra em um destes casos a seguir. Assim, você poderá refletir sobre o tipo de mudança que precisa neste momento da sua existência.

UMA REALIDADE *ASSUSTADORA*

Perceber que as conclusões a que cheguei poderiam ajudar muitas pessoas a sair da crise em que se encontram foi a força motivadora que me fez escrever este livro. Aqui vou falar sobre o que eu venho estudando ao longo da minha jornada. Você saberá ainda o que as pesquisas apontam sobre a atual situação em que vivemos.

Epidemia mundial de insatisfação

Mais de 75% das pessoas se sentem insatisfeitas no trabalho e na carreira. Algumas simplesmente só trabalham por dinheiro, porque acham que é impossível encontrar a combinação do trabalho com a vocação, Muitas pessoas até trabalham com o que gostam, mas mesmo assim não conseguem achar alegria em sua rotina profissional.

Efeito Nota 5

Eu tenho visto as pessoas sem brilho nos olhos, totalmente no piloto-automático, sem alegria de viver, fazendo as coisas por fazer, vivendo de forma no máximo mediana. É uma multidão de pessoas fazendo coisas medíocres, com energia e resultados medianos. Pouquíssimas se realizam, prosperam de verdade e sentem a plenitude de ter a vida dos seus sonhos. Algumas parecem mais com perfeitos zumbis.

Falta de propósito

Há muitas pessoas fazendo trabalhos e vivendo vidas sem um real alinhamento com um propósito que faça o coração delas vibrar. Pessoas brigando por causas que não são suas, dedicando energia para projetos que não acreditam e nem mesmo se importam.

Dores e doenças da alma

Por mais que a medicina e a tecnologia tenham evoluído, há uma epidemia de doenças da alma como depressões, transtornos de ansiedade e crises emocionais que geram doenças físicas e prendem as pessoas a um ciclo de doenças sem cura.

Relacionamentos tóxicos

Como as pessoas não estão se entendendo, não estão experienciando o máximo de seus potenciais e muito menos vivendo seus propósitos. Assim, acabam naturalmente sobrecarregando qualquer tipo de relação. Com isso há uma explosão de conflitos de relacionamentos em todos os níveis.

"Sou especial, tenho algo muito forte dentro de mim, mas não sei o que fazer"

Nas palestras sempre faço uma pergunta: "Quem aqui nesta plateia sente que veio para o mundo para algo maior do que está vivendo?" A resposta sempre me impressiona. A esmagadora maioria das pessoas ergue o braço! Acredite, grande parte da frustração que muitas pessoas sentem – o que acaba se tornando a porta de entrada para vícios e maus hábitos – é justamente esse sentimento.

"Já quis mudar, às vezes penso a respeito, mas não tenho apoio das pessoas à minha volta e também não sei por onde começar"

A verdade é que cansa não receber apoio quando você quer mudar, não é mesmo? É decepcionante não ver ninguém o apoiando. Alguns mais "guerreiros" que o normal, conseguem conquistar seus sonhos sem apoio, mas é humanamente normal querer sentir o incentivo e a energia das pessoas próximas. O outro fator determinante é que às vezes até temos apoio de amigos, pessoas próximas e dos familiares, mas simplesmente não sabemos o que fazer e nem por onde começar. Isso paralisa, tira forças, confiança e bloqueia qualquer um na zona de conforto.

Talvez você até se enquadre em mais de uma dessas situações. Pode ser também que você não se reconheça nesses exemplos. Tudo bem! Ao longo deste livro, você sentirá uma grande evolução no caminho para descobrir com mais clareza quem você é em essência e o que realmente quer para a sua vida. Quando a clareza for surgindo talvez você enxergue alguns desses casos ocorrendo ou até mesmo outras situações.

Nessa minha trajetória de mudança pessoal, e mais tarde na jornada de ajudar mais e mais pessoas a buscarem transformação, eu tive a clareza para tirar três grandes conclusões que mudaram tudo para mim e para os meus alunos. Vamos a elas.

PRIMEIRA CONCLUSÃO

«Você só será próspero, pleno e feliz se souber viver a sua missão de vida.»

Um liquidificador só pode mostrar o seu valor se você o utilizar como tal. Caso você queira utilizar o liquidificador como um suporte para vaso, tenha certeza que ele não será um destaque em sua função.

Uma cafeteira é a mesma coisa. Ela só vai funcionar se você a utilizar para fazer café. E ela só vai fazer isso bem feito se você tiver atitudes condizentes com uma cafeteira, o que significa ligar o aparelho na tomada, colocar filtro de café, pó de café e acionar o botão que dá início ao processo.

Se você, ao invés de colocar água e pó de café, colocar areia e suco de laranja, você nunca vai tirar um verdadeiro café do aparelho.

Assim é a vida! Se você não conhecer a sua missão e o seu propósito e não viver alinhado a eles, você não será quem nasceu para ser. Você não terá energia para ser feliz e pleno, porque está desviado da sua programação original.

Eu sei que a busca pela missão de vida é algo que exige dedicação e atenção, mas, mesmo assim, é essa busca e esse alinhamento que começam a despertar uma energia pessoal acima da média. Você precisa acreditar em algo que faça o seu coração vibrar, precisa desenvolver uma visão de futuro que alimente o seu presente.

Mesmo que você não tenha certeza exata de qual é a sua missão nesta existência, eu posso adiantar que **o Universo sempre envia sinais** para lhe dizer que você está realmente alinhado com o seu propósito de vida:

– O seu estado de gratidão aumenta;

– A sua prosperidade aumenta;

– A sua imunidade melhora;

– Os seus relacionamentos ficam mais harmoniosos;

– A sua motivação em viver aumenta;

– Você desenvolve a capacidade de inspirar pessoas e aflora sorrisos por onde você passa;

– Você melhora os seus círculos de amizade;

– Você tem mais motivação para estudar e se desenvolver como pessoa;

– Você diminui drasticamente o hábito de reclamar.

Como você pode ver, não é preciso ter certeza de que se está no caminho perfeito, mas sinais claros vão lhe mostrar que você está se alinhando. Isso, sinceramente, é um grande passo. Se você não viver com foco em realizar o seu propósito, as suas chances de ter uma vida de sucesso e de felicidade ficarão muito reduzidas.

A MISSÃO DE CADA UM

Genericamente todos temos três missões. Vamos chamá-las de *Eu, Meus* e *O Todo*.

Missão "Eu"

Ela refere-se ao que o "Eu" veio fazer aqui na Terra para evoluir. Em outras palavras, curar o que é ruim e expandir o que é bom. Resumidamente essa missão do "Eu" quer que você equilibre suas emoções. Sabe aquela raiva ou aquele medo? A angústia, o rancor ou a possessividade? A tendência a dominar os outros, a se vitimizar, a colocar culpa nos outros ou a se culpar, além de outros sentimentos que só aumentam?

Eu não sei se você vai gostar de saber, mas quanto mais emoções negativas aflorarem na sua vida, mais há indícios de que você não está vivendo a sua missão. A sua missão é domar o medo, acalmar a raiva, perdoar mais, aceitar mais, ter mais discernimento e equilíbrio em tudo que você sente.

Talvez você saiba, ache que seja apenas coincidência ou até mesmo nunca tenha pensado nisso, mas todas as situações que o deixam envolvido em emoções ruins acontecem justamente porque você está atraindo esses acontecimentos.

Entenda que dói menos... Todas essas emoções negativas já são suas e moram dentro de você, mas as situações que ocorrem na sua vida são atraídas justamente para que você entre em contato com o que está em desequilíbrio dentro de si.

Então, preste atenção ao seu trabalho, à sua família, aos seus amigos e a situações do dia a dia. Olhe para dentro de si e preste atenção às emoções que se repetem, porque são elas que indicam que você está patinando na sua missão mais importante que é a Missão "Eu".

Quando você começa a olhar para dentro e a prestar atenção às emoções ruins que afloram, percebe que está sempre reagindo às coisas, que tudo está vindo para fora. Talvez você sofra no começo, porque ter consciência dói, dá trabalho e não é nada agradável.

Dá vontade de xingar, chorar e até colocar a culpa nos outros, mas, no momento em que você percebe que é o real responsável pelo que sente e que pode ao menos atenuar suas emoções, o mundo assume um outro brilho e tudo começa a ser mais leve e mais divertido na sua vida.

Como está a Missão "Eu" na sua vida? Como está aquela mágoa, aquele medo, aquela tristeza, aquela raiva, aquele isolamento, aquela rebeldia? Como estão aqueles sentimentos mesquinhos? Como estão aquelas emoções mundanas que lhe consomem as forças?

Se você considerar que está melhorando, mesmo que sutilmente em cada um desses aspectos da Missão "Eu", posso dizer objetivamente que você, embora sem saber, já está vivendo a parte mais importante da sua missão.

Porém, se você percebe que as emoções negativas estão fazendo parte da sua vida quase todo dia e, por sinal, elas não estão indo embora, posso lhe dizer que você não está vivendo a sua missão! Você não está sendo quem nasceu para ser. É bem provável que você esteja fazendo parte da estatística que eu citei anteriormente.

Em dois de meus livros específicos sobre o tema – *Decisões: encontrando a missão da sua alma* e *Viva a sua missão* – eu aprofundo esse assunto e ajudo você a montar o seu plano de ação para viver a sua missão, mudar o rumo da sua vida e ser o que você nasceu para ser nesta jornada.

Missão "Meus"

É muito simples de entender essa missão, porque é tudo muito natural. Se a missão "Eu" diz respeito ao que eu preciso curar pessoalmente, a missão "Meus" diz respeito a tudo que eu preciso curar e equilibrar no contexto de tudo o que está à minha volta e ao que se relaciona comigo.

O que quero dizer é que a missão "Meus" trata dos relacionamentos: meu pai, minha mãe, meu vizinho, meu chefe, meu funcionário, meu gato, meu carro, meu status, minha posição na carreira ou na empresa, etc.

A missão "Meus" diz que estamos aqui para nos harmonizar com as pessoas com as quais nos relacionamos. Caso você ainda não tenha percebido, a maioria dos conflitos em nossas vidas é revelado nas relações (Meus). O curioso é que, quando você começa a perceber que possui a missão "Eu", tudo relacionado ao "Meus" começa a melhorar.

Essa é a parte que eu mais curto ver entre meus alunos... Quando eles começam a despertar para a missão "Eu", eles se determinam a ser mais comprometidos e responsáveis com suas próprias emoções e os resultados são incríveis, porque eles param de sobrecarregar os relacionamentos. Param de colocar culpa, de fazer projeções e de transferir responsabilidades. O resultado é que famílias inteiras se harmonizam.

Então, posso lhe dizer que o "Meus" é uma das suas missões principais. Porém, quando você dá atenção ao "Eu", tudo começa a atingir outro patamar de equilíbrio na sua vida.

Missão "O Todo"

Depois que entende a Missão "Eu", passa a cuidar mais das suas emoções e compreende a Missão "Meus", você começa a decifrar mais o papel das pessoas na sua vida e eleva a harmonia dos relacionamentos.

Algo maravilhoso passa a acontecer na sua vida: você brilha mais! Sim! Seus olhos, sua aura, suas ideias e sua criatividade brilham mais. É um movimento natural que ocorre com todas as pessoas que estão vivendo em alinhamento com suas missões.

No momento em que o seu brilho aumenta, tal qual uma música sagrada, um fluxo divino de ideias e projetos incríveis começa a surgir na sua mente. É nesse momento que você pode se deparar com um chamado para uma tarefa nobre, algo que gere energia para lhe mover, alguma iniciativa que o mantenha cheio de vibração positiva.

Talvez você queira uma profissão que tenha mais sentido com a sua vocação. Quem sabe você até descubra um dom que nem sabia que tinha. É muito comum sentir uma vontade incontrolável de empreender, criar um projeto, um negócio próprio, inventar novos caminhos e se arriscar na direção de um sonho que surge dentro da sua alma.

Isso é lindo! É um movimento poderoso porque cura doenças do corpo e da alma, dá vida a um mundo melhor, gera prosperidade e expande o amor.

Mas é aí também que ocorre muita confusão, porque, para a esmagadora maioria das pessoas, essa é a missão de vida de todos. Porém, cada um de nós possui a sua missão de vida específica.

Grande parte das pessoas que me procura para descobrir sua missão tem a crença de que se trata do que eu chamo de "tarefa ou projeto nobre". Mas, como você viu, essa tarefa nobre só surge depois que você dá a devida atenção à Missão do "Eu" e cuida da Missão do "Meus".

Esse movimento de pessoas que vivem se sentindo vazias, em busca de suas missões, por algo que faça sentido ou alguma coisa que elas considerem seus projetos nobres é o que chamo de "Mito da Missão".

O MITO DA MISSÃO

Muitas pessoas me dizem que a minha missão é ensinar, ajudar e impactar pessoas com tudo o que eu ofereço no Canal do YouTube do Luz da Serra, nos livros, nos sites, nos cursos e em todas as palestras que ministro constantemente nos auditórios da vida.

Tenho certeza que essa não é a minha missão principal. A minha missão, assim como a sua, é curar minhas emoções negativas e, com isso, deixar que as positivas venham à tona. A minha missão, assim como a sua, é equilibrar as minhas relações.

Somente depois de focar com muito comprometimento e responsabilidade em melhorar o "Eu" e o "Meus" é que naturalmente a Missão Nobre começa a surgir. Não se iluda, a sua missão não é a "Tarefa Nobre", não há como pular etapas.

A sua tarefa ou projeto nobre só surgirá se você estiver alinhado à sua missão. É impossível um coração confuso e desequilibrado viver plena e equilibradamente um projeto nobre. Essa pessoa até pode fazer algo que melhore o mundo, mas em seu interior ela mesma não estará se melhorando.

Eu quero lembrar que é claro que você pode evoluir na Missão "Eu" e "Meus" no seu trabalho e nas suas atividades, assim como eu também consigo desenvolver minhas missões no meu trabalho.

Para ser sincero, quanto mais consciência você tem da sua missão, mais você conseguirá se realizar em qualquer tarefa da sua vida. Você experimentará mais e mais amor, mais e mais prosperidade, mais e mais alegria, à medida que vive a sua missão ajudando outras pessoas a viverem as suas também.

> **«Somente depois de focar com muito comprometimento e responsabilidade em melhorar o "Eu" e o "Meus" é que naturalmente a Missão Nobre começa a surgir. Não se iluda, sua missão não é a "Tarefa Nobre", você não pode pular etapas.»**

SEGUNDA CONCLUSÃO

«Para viver a sua missão plenamente você precisa domar as três sombras da mente.»

Você verá a seguir quais são essas três sombras e como elas influenciam a sua vida. Contudo, o que você precisa entender é que não há meios de anular essas influências na sua vida, mas sim domá-las. Em outras palavras, você pode controlá-las.

Imagine que você precisa sair e que o dia está chuvoso. O que você faz? Acredito que se veste de forma apropriada para um dia de chuva, estou certo? Se você se vestir como se estivesse indo para a praia, tenho certeza que você vai se dar mal.

Domar as três sombras é como aprender a vestir-se de forma adequada para cada clima. Entenda que é preciso considerar as influências dessas três sombras sempre que você projetar uma meta, um sonho ou iniciar uma jornada rumo a uma conquista ou a um resultado específico.

E não há como declarar guerra às três sombras da mente, porque elas são aspectos importantes da vida.

No entanto, você precisa aprender a equilibrar a forma como cada uma delas atua na sua existência.

Da mesma forma que você não pode declarar guerra contra a chuva, porque ela é vital para a vida humana, se você não se preparar bem para atenuar o efeito que um dia chuvoso é capaz de fazer no seu dia, você tenderá a se sentir muito mal.

Tudo é uma questão de ter clareza, compreender que essas influências ocorrem e saber o que fazer para amenizar a sua ação.

TERCEIRA CONCLUSÃO

«Existe fórmula para a felicidade.»

A terceira e talvez a mais impactante das conclusões é que existe, sim, fórmula para a felicidade. Posso lhe dizer que não existe uma única fórmula, assim como não existe um único tipo de exercício físico para uma pessoa entrar em forma.

Ao longo da minha jornada, o que pude concluir é que você pode encontrar a sua própria fórmula de felicidade. Porém, precisa haver treino.

Felicidade é um resultado que se conquista com treino!

Você conquista felicidade se souber se treinar para que ela aflore. Pessoas felizes que se deixam levar pela vida e não continuam seu treino para manter a felicidade acabam decaindo em seus estados emocionais.

Pessoas tristes, depressivas e em crise, mesmo em estado emocional debilitado, podem treinar para a conquista da felicidade.

«Felicidade é como alongamento físico: quando para de praticar, você começa a regredir.»

Quando estuda a vida de uma pessoa que se diz feliz e procura entender sua rotina e sua filosofia pessoal, você percebe inúmeros hábitos que elas treinam para a felicidade.

E agora vem a mais poderosa informação sobre essa terceira conclusão. A sua felicidade, a sua missão e a sua realização total serão conquistadas através de propósitos inabaláveis.

E você sabe o que são propósitos inabaláveis?

Propósitos inabaláveis são projetos fortes, consistentes, carregados de energia, entusiasmo e coragem para que algo seja conquistado. A soma de propósitos inabaláveis determinará a sua felicidade em cada momento da sua vida. Mais adiante eu vou retomar este conceito para você compreender melhor.

Agora o seu caminho é manter o treino em dia. Treine em viver a sua missão, especialmente o "Eu" e o "Meu". Faça isso hoje, amanhã e depois. Durante todo o tempo, mergulhe profundamente no desenvolvimento da clareza sobre as sombras da mente que você verá a seguir. Pronto!

Junte todos esses pontos importantes e veja que seus propósitos surgirão naturalmente dentro de você e que as coisas se alinharão. Experimente! Você será você mesmo em essência.

PARTE 3.

AS 3 SOMBRAS DA MENTE

OS 3 PRINCÍPIOS QUE MUDAM TUDO

Quando entendi o aspecto das sombras da mente, eu comecei a perceber que as coisas que não conseguia conquistar manifestavam confrontos com um ou mais desses três princípios. E o que eu começava a fazer era analisar o que eu podia fazer para me alinhar cada vez mais em cada novo passo para que as coisas ficassem mais fáceis.

Em alguns momentos eu sentia um peso emocional, observava que as coisas não fluíam e que o meu estado emocional era precário. Então, eu voltava a atenção aos três princípios e procurava analisar em qual deles eu estava tendo mais problemas.

Quase sempre, as respostas eram imediatas e as correções de rota aconteciam naturalmente. Por isso, eu recomendo que você utilize esses três princípios como filosofia pessoal de vida e que sempre reflita e preveja a influência de cada um deles nos resultados que você quer ter.

Com o tempo tudo começou a fazer mais sentido e passou a ser mais fácil. Aquela guerra diária, aquela batalha constante, parou de acontecer. É claro que as dificuldades surgem nos caminhos de quem tem sonhos, metas e propósitos fortes, mas uma incrível suavidade começa a nos rodear e nos fazer mais firmes e equilibrados.

E, agora, para que você possa aplicar esses princípios de forma consistente na sua vida também, vamos compreender exatamente quais são as três sombras que bloqueiam o seu sucesso e como eles agem.

Antes de explicar quais são as três sombras da mente e como elas têm o poder de influenciá-lo a ter uma vida medíocre e bloquear o seu sucesso, eu preciso pedir que você preste muita atenção ao que eu vou lhe falar.

Ao perceber quais são as três sombras, você pode começar a rotular e a encontrar culpados. Nós temos a tendência a achar culpados e talvez você também faça isso. É muito importante que você entenda essa tendência e fique atento quando surgir a vontade de culpar outras pessoas.

Então, segue um aviso direto: você precisa se concentrar em jamais achar culpados. Porque ninguém tem culpa de nada. Tudo o que acontece na sua vida respeita a uma dança cósmica de ação e reação que não configura necessariamente uma conspiração para lhe afetar.

Como você já viu, o segredo não é acabar com as três sombras, mas domá-las. Até mesmo porque essas sombras são essenciais à sua vida, mas precisam ser controladas.

O próprio ar é indispensável aos seres vivos. Já um furacão é nocivo. O furacão não deixa de ser o mesmo ar em um outro estado de ocorrência. É isso que você vai aprender a dosar e a controlar. Você não quer o furacão, você quer apenas o ar.

Em cada sombra que eu citar de agora em diante lembre-se que o nível de influência está diretamente ligado ao fato de você ter deixado com que a influência tenha se tornado uma espécie de furacão. Agora que isso está 100% claro, vamos às sombras.

A PRIMEIRA SOMBRA: A FAMÍLIA

A maioria dos meus alunos, quando descobre que a primeira sombra é a da família, demonstra espanto e perplexidade. Alguns me perguntam: "Como pode a família gerar interferências negativas na minha vida?"

Eu sei também que muitas pessoas dizem que a família é sagrada (eu também acho que é!), mas uma coisa não tem nada a ver com a outra. Deixe-me começar a explicar o motivo pelo qual a família pode influenciar negativamente a sua vida e ainda bloquear o seu sucesso.

Por mais contraintuitivo que isso possa parecer, é justamente o laço familiar de intimidade e cuidados que pode se transformar em uma armadilha.

Motivo 1 - Egoísmo Disfarçado

O egoísmo disfarçado é algo quase sempre inconsciente, ou seja, as pessoas fazem sem perceber que estão fazendo. Ele é mais comum do que você pode imaginar e você perceberá o motivo.

Quando você conta para alguém da sua família algo que quer fazer ou algum pensamento, esse familiar analisa e ouve como se o fato fosse ser realizado por ele.

Isso quer dizer que se você falar para um pai, um filho ou um irmão que você quer morar fora do Brasil ou que pretende trocar de carreira, essa pessoa não conseguirá observar o seu comentário com neutralidade, procurando fazer uma análise distanciada da situação. O seu familiar perceberá o seu comentário como se fosse ele mesmo enfrentando o desafio que você está propondo.

Se você diz que deseja morar em outro país, a pessoa que lhe escuta se imagina vivendo aquela situação e posiciona a opinião dela com relação ao que ela própria sentiria se fosse residir fora do Brasil.

Se você diz que quer trocar de carreira, a pessoa que lhe escuta se imagina trocando de trabalho e faz um julgamento baseado ao que ela própria vivenciaria ao mudar de profissão.

Em 99% dos casos, quando alguém dá uma opinião ou conselho sobre os sonhos que você revela, o palpite é influenciado pelas próprias emoções dele, carregadas de medos, limitações e inferioridades.

Esse é o exemplo clássico de egoísmo disfarçado. A pessoa só consegue opinar a partir do que ela mesma acharia certo para si e não no que seria o melhor para você. Assim, quando você ouve seus conselhos, acaba atingido pelos medos, carências e limitações dela.

Motivo 2 - Tradição

Uma das palavras que mais exemplifica o que é a família na vida de uma pessoa é a tradição. Embora você seja de uma família pequena e, ainda sim, desunida ou até mesmo se não convive com seus parentes, existe uma força de tradição muito forte no contexto da família.

Esse modo de transmissão de conhecimentos impõe que você viva em alinhamento com um padrão estabelecido sutilmente pela sintonia dos atos e comportamentos de toda a sua corrente familiar.

Muitas vezes, a tradição não deixa as pessoas ousarem e exige comportamentos semelhantes. O que pode drenar a sua segurança e a sua audácia para buscar novos rumos.

Por mais que você sonhe em viver de forma muito diferente de tudo o que você já viu na sua família, ainda sim, o sistema de crenças passado de geração a geração pode lhe impedir.

Isso acontece mesmo que a tradição da sua família seja repleta de morais elevadas, bons costumes, cordialidade e generosidade.

Eu não estou entrando nesse mérito, apenas quero dizer que, se o seu caminho de vida é muito diferente do que a sua família sempre acreditou, você pode sentir o peso dessa tradição familiar atuando nas suas decisões por mais que a história da sua família seja recheada de positividade e grandes feitos.

Motivo 3 - Conforto

A palavra de ordem de qualquer chefe de família é garantir a segurança de cada integrante. Tudo o que acontece, aos olhos dos seus líderes, deve seguir no sentido de manter ou aumentar o conforto familiar.

O que até parece justo e sensato se não fosse também uma força bloqueadora, que pode inibir a ousadia, impedir que se corra riscos e se tente ações não convencionais, além de gerar altos graus de dúvidas.

Tudo o que você quiser fazer que mexa com a suposta segurança da família será visto como uma ameaça e, por isso, será fortemente atacado.

Você receberá retaliações furiosas se tiver projetos de vida que se mostrarem contrários ao caminho da segurança.

Qualquer pessoa que tentar abalar a zona de conforto da família será considerada como um desertor, revolucionário ou guerrilheiro.

Motivo 4 - Honra

Se você colocar em xeque a honra da sua família e ainda gerar espanto nas pessoas, qualquer que seja o seu sonho de vida, poderá causar uma espécie de vergonha.

Se por algum motivo, a sua ideia de projeto de vida desafiar o senso comum, a segurança e a tradição, você poderá ser visto como alguém que envergonha e desonra a sua família.

Nesse momento, ninguém vai pensar na sua felicidade de forma pura. Você só receberá críticas e julgamentos porque está fazendo a sua família ter o orgulho abalado.

Essa é uma tendência muito forte que pode se manifestar a qualquer momento que você se mostrar inovador, diferente ou ousado.

Motivo 5 - Matilha

As pessoas de uma família costumam estar sintonizadas em acontecimentos, desejos, ambições, problemas, qualidades e limitações parecidos. Por isso, quando você convive por muito tempo com um grupo específico de pessoas, a sua tendência é se nivelar na mesma sintonia delas, o que influencia as suas emoções, sentimentos, pensamentos, espiritualidade, realização pessoal e prosperidade.

Se não há no seu grupo familiar alguém que já tenha feito algo grandioso, a tendência é que nunca se faça nada assim.

Se ninguém caiu financeiramente falido, sem esperança e desacreditado profissionalmente na sua família, há uma inclinação para que isso nunca aconteça.

Como você pode ver, ao conviver com o seu meio familiar constantemente você tenderá a ter o sucesso relativo ao sucesso médio de todos os integrantes. Então, se você tem sonhos grandes, nunca vai conseguir realizá-los estando totalmente ligado ao seu círculo familiar, porque a estrutura existente não permitirá feitos mais ousados.

Nos tempos mais remotos, as famílias precisavam se unir para enfrentar ataques, guerras e falta de mão de obra para produzir o próprio alimento, além da manutenção e construção das moradias e muito mais.

Antigamente, manter a família unida e crescente era uma questão de sobrevivência. Sinceramente, era algo sensato e coerente. Mas hoje os valores são outros, as necessidades e os objetivos também.

Por isso, comece a observar cada decisão, opinião e conselho de seus parentes. Muitas vezes, eles estão carregados de sentimentos negativos que você nem imaginava.

Sem perceber, nossos familiares exercem influências pesadas em nossa forma de agir, sentir, pensar e projetar nossas metas.

Isso nos faz, na maioria das situações, tomarmos decisões muito mais porque queremos respeitar e agradar essas pessoas do que por acharmos que são as escolhas mais corretas.

Quase sempre deixamos de lado a voz interior que diz "faça isso desse jeito e não daquele jeito". Sem contar aqueles que não conseguem mais ouvir a voz do eu interior, porque estão tão manipulados pela opinião dos familiares que já nem se reconhecem mais como uma identidade separada dos demais, com pensamentos e conceitos próprios.

«E você? Vive a sua vida ou vive a vida que os outros querem que você viva? Você é você mesmo ou é o que os outros querem que você seja?»

Você toma decisões com base nas suas percepções do que é realmente certo ou apenas querendo agradar seus familiares?

Talvez você tenha pensado a sua vida inteira que ouvir os mais velhos ou estar junto aos seus familiares era a coisa mais importante da sua vida, certo?

E eu estou aqui para lhe dizer que essa pode ser a maior armadilha da sua vida. Justamente esse tipo de crença é uma das maiores causadoras de conflitos e de falta de amor nos círculos familiares.

Eu mesmo só aprendi a amar serena e puramente a minha família quando eu me reconheci, quando assimilei quem eu sou em essência.

O maior desafio é saber aproveitar o lado incrível da família, sem ceder às influências e imposições que podem manipular seu comportamento diante da vida e dos desafios.

Você vai querer agradar, porque você deseja ser aceito. É da natureza humana buscar aceitação. Até aí tudo bem. O fato é que buscamos esse sentimento de aprovação passando por cima de nossos sonhos. Tudo porque queremos evitar os conflitos emocionais e os desapontamentos.

Eu costumo dizer aos nossos alunos no Portal Iniciados que nós estamos prontos para viver a nossa missão quando tivermos resistência para ver o olhar de desapontamento das pessoas que mais amamos na vida em relação às decisões que tomamos.

O dia em que você estiver emocionalmente forte para:

> 1. Sentir com a sua alma o que a sua essência quer que você faça da vida.
>
> 2. Seguir seus sonhos e projetos mesmo com o olhar desapontado de seus familiares e até julgamentos e críticas de pessoas próximas.

Nesse dia você estará pronto para viver plenamente o seu propósito de vida.

«Qual é o seu desafio?»

Se por um lado você tem de focar primeiro em você e na sua essência, em viver seus sonhos e escutar seus sentimentos, por outro, precisa equilibrar as forças, contribuir para que a sua família seja feliz e aceitar os seus parentes como eles são.

Assim, haverá liberdade e receptividade para amá-los independente de condições, além de cessar de uma vez por todas as exigências e imposições que surgem das formas mais despretensiosas.

Essas cobranças aparecem, sem mesmo que se perceba, quando alguém diz:

"Olha... eu acho que você devia morar naquele bairro, porque é mais bonito e seguro..."
"Se eu fosse você mudaria de emprego e faria uma viagem..."
"Eu não acredito que você está namorando essa pessoa ainda..."
"Nossa, eu tenho medo que você viaje à noite..."

Você pode pensar que essas conversas são inocentes, mas elas não são, não! São um veneno para a sua vida e para a vida das outras pessoas.

Elas revelam o vício que temos em controlar nossas emoções. O vício é tão forte que, para manter o controle, sutilmente ficamos dizendo às pessoas, e elas a nós, o que devem ou não fazer. Acredite, a intenção é única: nos manter na zona de conforto emocional.

Assim, fugimos da vergonha, não enfrentamos a mudança, mantemos as aparências, evitamos o julgamento alheio e preservamos a tradição (mesmo que seja um costume esquisito).

Eu consigo imaginar muitos leitores me odiando por dizer que a família não vem em primeiro lugar... E só farão isso porque estarão concordando comigo, percebendo que terão de começar a dar limites para o marido, para os filhos, para o pai, para a mãe.

Dar limites gasta uma energia muito grande, gera pequenos conflitos no início até você se acostumar.

Então, muitas pessoas não gostam de ouvir isso. O simples motivo é que eu estou tocando em uma ferida que todos sabemos que precisa ser tratada, mas que não é nada fácil tratar.

Considerando que a família não vem em primeiro plano, quero ressaltar que VOCÊ deve estar em primeiro lugar.

Somente se colocando em primeiro lugar, você conseguirá realmente ajudar a sua família a ser muito mais feliz, livre e, finalmente, amorosa. Mas amorosa de verdade, e não de aparências, porque no fundo todo mundo faz algum tipo de chantagem emocional.

Aceite os fatos: todos somos chantagistas emocionais. Quando você aceitar isso e começar a prestar atenção em suas atitudes, tudo vai mudar e melhorar na sua vida, pois vai perceber que quer manipular as pessoas para que elas sejam o que você acha que elas devem ser.

Não somos educados a estimular os nossos familiares a buscar dentro de si o que eles querem ser da vida ou fazer a cada desafio.

Sempre optamos por dizer o que o outro deve ou não fazer, simplesmente porque projetamos as emoções que sentimos, baseadas em nossas referências passadas.

Nós sequer imaginamos que a outra pessoa está recebendo a nossa descarga de medo e chantagens emocionais disfarçadas vergonhosamente de carinho, afeto e atenção.

Carinho de verdade você dá quando ajuda a pessoa a entender seus sentimentos e não quando você faz ela seguir os sentimentos que você quer que ela siga. Carinho de verdade nós damos aos nossos familiares quando os amamos independente do que eles provocam em nós com suas atitudes. Carinho de verdade damos quando permitimos que cada um se expresse com base em seus próprios sonhos e não a partir dos sonhos que projetamos para eles.

Agora, para que você consiga simplificar ainda mais a compreensão do quanto essa sombra pode lhe afetar, eu separei alguns tópicos importantes. Responda com sinceridade a cada um deles. Quanto mais você se comportar de acordo com as afirmações que eu citei, mais essa sombra está influenciando a sua vida.

AVALIE-SE

O próximo passo agora é muito simples. Leia os itens a seguir e **determine notas de 0 a 10** para cada um deles. Encontre a sua nota para cada tópico avaliando com calma.

SITUAÇÃO	NOTA
1. Faço de tudo para evitar conflitos e manter a harmonia.	
2. Costumo abrir mão das minhas vontades para agradar a maioria.	
3. Dedico muita energia querendo controlar as coisas e, principalmente, para que pensem bem sobre mim.	
4. Faço muito esforço para dar orgulho.	
5. Faço de tudo para não decepcionar.	
6. Abalo-me completamente se não entendem meus ideais e propósitos.	
7. Muitas vezes sou julgado e criticado por "inventar moda".	
8. Para mim é importante que aprovem minhas decisões.	
9. Frequentemente causo espanto com minhas convicções.	
10. Já fui chamado de ovelha negra.	
11. Sofro ao saber que não aprovam minhas decisões e convicções.	
12. Peço conselhos sobre decisões que já tenho as respostas, porque tenho necessidade de pedir aprovação.	

Conclusões sobre a sua avaliação

O item que você marcou com nota maior do que 5 influencia você. A nota 0 significa que você não recebe qualquer influência dele e a nota 10 demonstra que o nível é extremo. Se 3 ou mais itens tiveram nota acima de 5, pode ter certeza que essa sombra o perturba muito. Ela o confunde na tarefa de ser o que você nasceu para ser.

A SEGUNDA SOMBRA: A SOCIEDADE

Que a sociedade influencia a vida de qualquer pessoa, tenho certeza que isso não é novidade para ninguém e muito menos para você.

A sociedade dita modas e estilos, exatamente por isso influencia a vida de todos.

Existem muitos motivos que fazem com que a influência da sociedade vá muito além de motivar simples tendências e modas.

Isso porque existem alguns processos internos naturais do ser humano que estão profundamente instalados na personalidade e possuem incalculável poder.

Em outras palavras, quando a sociedade atua nesses pontos, a influência pode se tornar severa.

E essa sombra da sociedade é mais um tipo de sombra influenciadora de atitudes e comportamentos. Ela faz você ser uma pessoa que nem percebe ser. Ela o desvia da sua missão de vida e cria um vazio profundo na sua alma, porque faz com que você nunca se sinta bom o bastante. A palavra saciedade, plenitude, paz interior são destruídas por conta dessa sombra.

A sombra da sociedade é igualmente tóxica porque manipula emoções e sentimentos naturais do ser humano que você não pode evitar.

Mas você pode controlar, domar e, acima de tudo, ficar consciente para evitar ser influenciado. Existem várias razões que geram essas influências. Vamos a cada uma delas.

Motivo 1 - Pertencimento

Todas as pessoas querem pertencer a uma comunidade ou grupo. Desde os primórdios, há um padrão natural de buscarmos fazer parte de algo que nos faça ter o sentimento de pertencimento.

Trata-se da vontade de pertencer, de fazer parte de algo, de defender alguma causa coletiva, seja ela qual for. E todas as pessoas querem fazer parte de alguma comunidade.

É por isso que as redes sociais fazem tanto sucesso, que as fraternidades, ordens e sociedades sempre existiram e sempre existirão.

Esse hábito é justificado também pela necessidade que qualquer ser humano tem de evitar a solidão, o abandono, o desprezo e a exclusão.

Queremos ser aceitos, inclusos e pertencentes a algo que nos deixe justamente protegidos da solidão e do abandono.

A crítica, a exclusão e a solidão são os sentimentos mais temidos pelas pessoas. E vamos ser sinceros, são sentimentos realmente perturbadores.

O problema é que essa necessidade de pertencimento, comportamento natural e até inconsciente, nos faz aceitar, com grande dose de influência, as tendências da sociedade. Tudo porque não queremos ser criticados ou abandonados.

O que a sociedade pensa, julga, entende ou prefere interfere profundamente na sua forma de viver. Tudo porque você não quer ficar de fora! Muitas vezes você nem sente o quanto permite se deixar levar por essa influência, mas ela acontece e é muito forte.

Somos seres tribais, talvez por conta da história do desenvolvimento humano, e isso está registrado no nosso DNA. Quem sabe seja apenas porque estamos acostumados ou mesmo por ser muito mais sensato esse tipo de comportamento, pois simplesmente melhora a vida em um contexto geral.

Seja pelo motivo que for, há em cada ser uma necessidade e um desejo, ainda inconsciente na maioria das pessoas, de pertencer a uma comunidade e ser amado, aceito e aprovado, mesmo que isso custe a própria felicidade e prejudique os próprios sonhos.

Motivo 2 - Manter a harmonia do caos

O mundo é confuso, existem várias coisas que você critica, que a sociedade em geral reprova e que todos conhecem como situações caóticas. A vida urbana, como conhecemos, não é organizada, harmoniosa, justa e tranquila como gostaríamos que fosse. No entanto, há um fato interessante nesse processo. Por mais que as coisas estejam ainda necessitando de melhoria e a sintonia emocional no mundo não esteja nem mesmo razoável, quando alguém desafia o senso comum para realizar projetos que mexam com a zona de conforto da maioria das pessoas, aparecem resistências.

A sociedade como um todo sempre combate novas ideias. Ela sente insegurança se você quiser realizar algo que ainda não é conhecido, não é tradicional ou esteja desafiando a harmonia do caos.

Veja que curioso. Ainda que o mundo esteja precisando se reinventar, sempre que alguém cria algo novo, propõe mudanças ou melhorias, ainda que seja para um bem maior, as resistências surgem. É aí que, se não tiver força, energia e determinação suficientes, você não conseguirá realizar os seus sonhos.

Essa sombra da sociedade realmente exerce grande influência sobre qualquer pessoa, pois queremos pertencer a uma comunidade, ser aceitos, aprovados e amados. Mas poucas pessoas conseguirão ser amadas pela sociedade no momento em que começarem a se dedicar aos sonhos delas.

Se você não tiver força, confiança e autoestima para suportar a rejeição da sociedade, se não contar com a persistência necessária para superar essa energia contrária, ao menos quando o seu projeto de vida estiver em estágio inicial, você certamente perderá toda a sua confiança querendo ser aceito.

Motivo 3 - Projeção da felicidade: comparações e cobranças

As comparações surgem naturalmente da tendência que o ser humano tem em buscar felicidade em fontes externas, cometendo o grave erro de se esquecer de olhar para dentro de si mesmo.

Resumidamente essa malha negativa invisível surge da seguinte maneira. Você olha para a vida de uma pessoa que, na sua opinião, seja feliz e perfeita. Talvez ela nem seja assim de verdade, mas, na sua projeção interna, você julga que a pessoa é feliz. E, no seu equivocado julgamento, mais uma vez você erra em achar que a felicidade dela está baseada no carro, na casa, no trabalho ou em características físicas específicas, como os olhos de uma determinada cor.

Sem perceber, você projeta uma felicidade ilusória, baseada em um julgamento também equivocado, criado por uma comparação mesquinha, de que só será feliz se conquistar o mesmo conjunto de itens de felicidade que aquela pessoa tem.

Então, você começa a focar no "ter" para "ser" e abre portas para o materialismo. As comparações se tornam uma verdadeira compulsão e, dia após dia, você perde sua confiança e autoestima.

Depois do nascimento desse ciclo de comparações e cobranças, se você não tiver discernimento e não souber a sua missão de vida, você permite que a influência da sombra da sociedade destrua a sua vida.

Motivo 4 - Medo da perda

O ser humano é mesmo engraçado, você não acha?

Nós preferimos permanecer em uma situação péssima, mas que seja conhecida, do que enfrentarmos uma mudança a qual não podemos controlar o que acontecerá. Preferimos sofrer dentro da zona de conforto do que buscarmos a felicidade no incerto. O medo de perder algo nos paralisa.

Lembro-me de uma fase em que a minha vida estava um verdadeiro caos, tudo parecia ruir, e eu simplesmente estava péssimo.

Então, pedi ajuda aos céus. Passei a pensar a todo momento que eu tinha de fazer alguma coisa. Comecei a me movimentar, a criar uma intenção de mudança.

Não demorou muito tempo e eu tive uma oportunidade que mudou completa e radicalmente a minha vida. Mas, antes de aceitar, ainda que fosse a resposta às minhas preces, fiquei mais de quinze dias ponderando se poderia ser uma boa decisão.

Veja bem, a minha vida estava um saco! Eu estava desequilibrado, doente e infeliz, mas, quando a oportunidade surgiu, eu fiquei em dúvida, ponderando além da conta. E quantas vezes as oportunidades surgem e você desiste delas porque tem medo de perder alguma coisa? Perder as coisas da sua cidade, do seu bairro, do convívio normal da região em que você vive.

Infelizmente só tomamos a decisão da mudança quando a dor de ficar onde estamos estiver completamente insuportável. Somente quando a dor de permanecermos no local em que estamos for pior que a dor da mudança é que damos o passo a seguir.

E é por isso que tantas pessoas ficam doentes, pois elas procrastinam as atitudes de mudança necessárias. Fazem de tudo para que o conforto não fuja! Fazem de tudo para que o incômodo de não ter o controle das coisas jamais venha.

O medo de perder é forte porque o temor de enfrentar o novo é muito grande. Mas, quando enfrenta o novo, você não fica doente, não é engolido por um "bicho-papão" e também não tem um pedaço do seu corpo arrancado. Muito pelo contrário...

Quando você enfrenta o que tem de ser enfrentado, a primeira barreira de medo é muito grande e forte, mas logo em seguida esse sentimento acaba cedendo espaço. Aos poucos, uma alegria incontrolável (até mesmo para os pessimistas e carrancudos) começa a aflorar na sua vida.

Quando você age, o medo diminui. Quando você estaciona e fica na zona de conforto, o medo cresce e ganha proporções alarmantes. Nesse ponto, ele o domina por completo.

Nesse momento, você se agarra ainda mais à família ou segue a sociedade, buscando apoio nos lugares errados. Porém, emocionalmente falando, essa decisão pode atrapalhá-lo ainda mais. Em pouco tempo, você não é mais você em essência, tornando-se uma sombra projetada do medo.

Você pode até se disfarçar como um bom cidadão, um bom filho, uma boa filha, um bom pai, uma boa mãe, um bom trabalhador, etc. Mas tudo isso é autossabotagem que você cria para despistar a culpa interna que sente de não ter agido e feito o que deveria ser feito.

Como você não domina a terceira sombra que falarei a seguir, o ciclo se alimenta a cada dia. Por consequência, você se torna cada vez mais uma pessoa enquadrada, rotulada, mais um na multidão. Assim, reclama da vida ou simplesmente desperdiça horas da sua existência com programações e conversas inúteis, fúteis, que não melhoram a sua vida e nem o mundo.

Não ache que ser um bom cidadão, honrado e honesto fará de você alguém que brilha de dentro para fora. Não se iluda em achar que você pode permitir que a sombra da sociedade o domine por não ser tão perigoso assim.

Pois eu afirmo: ela é uma toxina mortal que irá escravizar você e fará com que os seus dias sejam "suicídio em gotas" de tédio e mediocridade.

«Você tem tempo para mudar tudo desde agora!!!»

Talvez você não tenha percebido até agora o quanto essa sombra pode estar manipulando a sua vida para que seja alguém que você não é. Eu acredito que esse é um problema muito grave, porque uma força externa acaba impondo um padrão de comportamento para que você se encaixe em um sistema que é todo desajustado. O mais engraçado é que, mesmo sendo uma sociedade toda bagunçada em valores e propósitos, ainda sim, ela dá a ilusória impressão que você deve segui-la!

Contudo, lembre-se que a sociedade vive de aparências, porque ela é a manifestação total do mundo das ilusões. A sociedade é a síntese mais perfeita do mundo das ilusões que é criado pelo ego de cada ser.

É claro que a sociedade lhe oferece incríveis situações e possibilidades para a sua vida se organizar, mas isso não quer dizer que você tem de se encaixar nos moldes impostos. Você não pode deixar de ser quem você é em essência para se enquadrar em um padrão de comportamento que um grupo social quer que você seja. Você só deve aceitar esse tipo de pressão em aspectos que concordem com a sua alma.

«Você precisa ficar com o seu filtro sempre ativo refletindo o que é e o que não é importante para você.»

A principal ferramenta que você deve utilizar para saber domar a influência da sombra da sociedade é a sua conexão com quem você é em essência, por meio do seu autoconhecimento e do despertar da missão da sua alma.

A sombra da sociedade é uma força muito presente na sua vida, mas muitas vezes você não nota a presença e a influência dela. Você só saberá quem é realmente se souber filtrar ou mesmo domar essa influência.

Eu acredito que somente o fato de você começar a perceber essa influência já pode significar uma incrível mudança positiva na sua vida.

AVALIE-SE

O próximo passo agora é muito simples. Leia os itens a seguir e **determine notas de 0 a 10** para cada um. Encontre a sua nota para cada tópico avaliando com calma.

SITUAÇÃO	NOTA
1. Desgasto-me participando de grupos que tenho pouca afinidade em nome do bem-estar social.	
2. Tenho o costume de me comparar.	
3. Sinto vergonha dos outros e frequentemente me sinto inferior.	
4. Sem perceber, entro na competição pelo *status*: "Quem tem mais sucesso?".	
5. Obrigo-me a seguir a moda para não parecer "ridículo".	
6. Escondo a minha luz para ser aceito.	
7. Uso roupas desconfortáveis e até passo frio/calor se for preciso em nome da beleza e da elegância.	
8. Fico desculpando-me por não ter o que os outros têm ou não fazer as mesmas coisas que os outros fazem.	
9. Preocupo-me demais com o que os outros vão pensar sobre mim.	

Conclusões sobre a sua avaliação

O item que você marcou com nota maior do que 5 influencia você. A nota 0 significa que você não recebe qualquer influência dele e a nota 10 demonstra que o nível é extremo.

Se 3 ou mais itens tiveram nota acima de 5, pode ter certeza que essa sombra o perturba muito. Ela o confunde na tarefa de ser o que você nasceu para ser.

A TERCEIRA SOMBRA: O EU SUPERIOR

A intuição exige treino. Ela nunca está errada, mas existem formas equivocadas de interpretá-la.

Você até pode achar estranho, que o Eu Superior seria a solução e não um problema. Acredite, eu ouvi isso em todas as palestras que ministrei sobre o tema das "três sombras".

As pessoas ficam perplexas quando eu falo sobre essa sombra. Por isso, eu vou explicar muito bem este aspecto para ficar claro para você.

Em primeiro lugar, quando falo Eu Superior, estou me referindo ao seu lado espiritual. Isto é, sua intuição e força interior. É a energia magnética, consciencial ou a mente que está associada à nossa existência. Trata-se de um campo de energia, sabedoria, emoções, pensamentos e sentimentos. É o próprio espírito, alma ou parte sutil da nossa vida.

E, dessa forma, se você quiser entender o Eu Superior como o "Eu" da Mente, também está certo.

Porém, não é porque nós estamos falando da nossa porção espiritual que isso quer dizer que ela está em equilíbrio.

É que, em tese, a nossa força interior e a nossa alma são portadoras das soluções, das curas, dos melhores caminhos e da sabedoria que precisamos acionar a cada momento da vida.

Perceba que eu disse que nosso Eu Superior é portador de sabedoria. Entretanto, é necessário acionar essa força.

Sendo a nossa porção divina, o Eu Superior opera em nossas vidas com base em leis diferentes da matéria ou da vida comum.

O Eu Superior gosta de treino, disciplina, doutrina, centramento, abundância, serenidade. É a única forma que ele atua... Não há jeito, nossa alma está programada de fábrica para revelar apenas nosso poder maior se conseguirmos oferecer as condições certas para que isso aconteça.

Eu sou um leigo em agronomia, mas posso lhe garantir que há solo certo para cada plantação. Há também clima mais favorável para cultivar cada espécie. É assim para plantar café, feijão, uva, maçã, laranja, banana e arroz.

Se você plantar feijão no solo errado, com o clima errado e no tempo errado, você não colherá feijão ou você terá uma colheita de péssima qualidade. Eu sei que você entende isso.

No Eu Superior acontece da mesma forma. Quando você cria as condições certas para que o seu Eu Superior permita que você acesse toda criatividade, serenidade, sabedoria e cura que ele dispõe, você muda a sua realidade e salta de nível na vida.

Ah! Eu já estava me esquecendo, mas antes que você me pergunte, isso tudo independe de religião ou crença em uma força maior. O que quero dizer é que independentemente de você acreditar em Deus ou não, você pode acessar a força do seu Eu Superior ou intoxicá-lo de vez. O que determina o resultado é o conjunto de hábitos que você tem consciente ou inconscientemente.

No Livro *Decisões: encontre a sua missão de vida*, eu chamo esse estado de "supraconsciência". É ela que permite que você viva o "paraíso na Terra". Suas emoções estão equilibradas, sua harmonia é mantida mesmo nas situações mais difíceis e você atrai novidades, oportunidades, amizades, felicidades e realizações a cada momento.

Mas as oportunidades não são atraídas no estado "produto final". Elas surgem como um quebra-cabeças solto dentro de uma grande caixa. Mas nesse estado você tem visão de que cada acontecimento na sua vida é uma peça de um quebra-cabeças que você quer ver montado.

No estado intoxicado, você nunca vê oportunidades, mas só enxerga problemas. Nesse momento, você se vê aprisionado por suas próprias preocupações, pensamentos frenéticos e instabilidades emocionais.

Você reage a tudo o que acontece de uma forma emocional e, na maioria das vezes, até de forma desproporcional. Em outras palavras, tudo que acontece de problema você costuma fazer "tempestade em copo d'água".

Eu tive uma aluna do Portal Iniciados (*iniciados.com.br*) que foi um caso curioso. Alguns assuntos eram debatidos no grupo. Todos os alunos interpretavam de forma positiva, somente ela não.

A cada novo módulo do curso, todo novo exercício que eu conduzia era incrível para todos, exceto para essa aluna. Ela sofria muito ou entrava em conflito com o que era oferecido.

Antes de se libertar de seu velho padrão, que felizmente ao longo de aproximadamente dois meses se transformou por completo, essa aluna tinha um filtro pessoal que absorvia somente o lado tenso das coisas.

Esse filtro para emoções ruins é o que eu chamo de estado intoxicado.

Então, nessa condição, aquilo que seria a sua parte mais divina e, portanto, capaz de abrir portas para uma vida plena, acaba se tornando justamente o contrário.

É como se você decidisse adotar um cachorrinho abandonado na rua e, aos poucos, depois de abrigar o animalzinho, descobrisse que ele é terrivelmente agressivo, bagunceiro e destruidor de todas as coisas do seu lar.

Porém, aos poucos, você também descobre que permitiu que o animalzinho se transformasse em um monstro, justamente porque você não soube educá-lo da forma certa.

Se esse é o seu caso, continuando nessa mesma analogia, o que você precisa fazer é justamente o contrário. Você precisará adotar uma série de novas práticas e exercícios simples que começarão a mudar a personalidade e os hábitos do cão destruidor, exatamente como vemos em programas de TV, como O Encantador de Cães.

Qualquer que seja a influência negativa que tenha do Eu Superior intoxicado, você é capaz de reverter. Muitas vezes, você não sabe, não percebe, não entende, porque não está treinado para isso, mas eu vou lhe explicar como essas influências atuam.

Então, a primeira coisa que precisamos é que você compreenda o processo e torne-se consciente das interferências que recebe do Eu Superior.

Eu gosto de dizer que não há problema nenhum em ter inimigos. O problema mesmo é não saber que eles existem e como eles operam.

Entenda objetivamente que o Eu Superior não pode ser medido em um exame de sangue e também não pode ser controlado por suplementos alimentares. As palavras intuição, sensação, percepção, *insight*, ideia, emoções, propósito de vida, altruísmo, amor e realização plena tem total ligação com o Eu Superior.

Ele é 100% sutil, ou seja, não é material. Contudo, o mundo denso ao nosso redor, os hábitos cotidianos, a alimentação, o sono, as práticas, as palavras faladas ou ouvidas e tudo que está no mundo material influenciam o Eu Superior.

É aí que entra a principal e definitiva cilada. O Eu Superior tem sua frequência de vibração, ou seja, ele pulsa em uma sintonia específica. Assim como uma determinada estação de rádio tem uma sintonia própria do seu sinal, o Eu Superior equilibrado também possui sua própria sintonia.

Se você muda a frequência dessa vibração, por conta dos seus hábitos, pensamentos ou atitudes, você recebe as consequências do Eu Superior.

Ele recebe influência direta de tudo o que fazemos no mundo físico, como eu disse anteriormente. O principal segredo, a chave desse alinhamento sutil, é que a sua vida física tenha um pulsar idêntico ao do seu Eu Superior.

Para entender melhor, procure compreender como se o seu Eu Superior fosse um instrumento musical. A sua vida material é outro instrumento. Já os seus pensamentos, um terceiro instrumento. O seu corpo físico um quarto instrumento, e as suas emoções o quinto instrumento.

E o que você precisa fazer é tocar todos esses instrumentos da forma correta para que a sua existência seja uma música equilibrada, fluindo ao som de uma sinfonia perfeita.

Para isso, seus pensamentos, seus sentimentos, sua alimentação, suas atitudes e sua conexão espiritual precisam estar em alinhamento, porque todos esses aspectos são mundos diferentes dentro de você.

Mas a genialidade do nosso Eu Superior é tão grande que, ao mesmo tempo que ele se mostra complexo em sua concepção e suas necessidades, revela-se simples quando o assunto é acioná-lo da melhor forma possível. Acredite, bastam menos do que 8 minutos diários da sua vida para que você faça um alinhamento profundo no seu Eu Superior.

O que significa alinhar o seu Eu Superior

Alinhar ou desintoxicar o seu Eu Superior significa educar a sua mente para controlar seus pensamentos e suas emoções em um estado em que venenos internos sejam depurados. Medo, mágoa, ressentimento, estresse, ansiedade, orgulho, cinismo, arrogância, baixa autoestima, vitimização e muitos outros estados nocivos são dominados.

Você não ficará 100% livre dessas toxinas mentais e emocionais, mas terá meios de dominá-las. Em outras palavras, você terá contato com essas negatividades, mas saberá o que fazer para que elas não o dominem.

Alinhar o seu Eu Superior é saber se manter o máximo possível no nível dos sentimentos e emoções mais elevados. Porém, entenda que você é humano.

Com raras exceções, ninguém conseguirá no espaço de tempo de uma única vida lapidar totalmente o Eu Superior a ponto de não sentir mais nenhuma dessas negatividades. Mesmo assim, é possível investir na sua evolução, com objetivos reais e viáveis.

Acredito que não é sensato ter a meta de jamais sentir raiva, medo, vergonha, baixa autoestima ou pessimismo, mas fazer o seu melhor a cada dia. Eu particularmente acredito que, se a sua principal meta for a perfeição total, você se frustrará ou até pensará em desistir. Isso porque nós estamos inseridos dentro do princípio do gênero ou da lei natural que fala dos opostos que se completam.

Na prática, isso quer dizer que, se você experimentar os dois lados da mesma moeda, terá o aprendizado de viver no equilíbrio, que é a grande sabedoria.

Por isso, você está sujeito a perder tudo para valorizar as conquistas, sentir fome para agradecer o alimento, ter medo para contemplar a segurança, ficar doente para abençoar a saúde e assim por diante.

Conhecer as oscilações dos seus padrões emocionais é importante para decidir qual vida você quer ter. Se aproveitar cada vaivém da sua condição mental, você crescerá e evoluirá cada vez mais.

«Ainda precisamos da dor para evoluir, ainda precisamos sentir o NÃO TER para valorizar o TER. É uma pedagogia natural para seres humanos normais, como eu e você».

Para resumir, cuidar do seu Eu Superior significa ter ações constantes que controlem os altos e baixos na sua vida. Quanto mais consciente você estiver do seu Eu Superior, mais você acionará essa força.

OS PODERES DO EU SUPERIOR ATIVADOS

Quando você equilibra seu Eu Superior, controlando as oscilações normais da vida, você desperta poderes internos, que são atributos da sua alma. Você pode identificar essas virtudes por meio de alguns sinais:

- **Riso fácil:** A vida fica mais divertida e simples sem motivo aparente.

- **Intuição:** As respostas, as saídas e as melhores decisões fluem de dentro para fora com facilidade. Você simplesmente sabe o que fazer em cada ato da sua vida e tem confiança para agir.

- **Autoestima:** Você simplesmente gosta de ser quem você é, ver o que você se tornou.

- **Sexto sentido:** Você enxerga antes de ver com os olhos, escuta antes de alguém falar e sente antes de todos. A sua visão aumenta e você enxerga além do horizonte.

- Sensatez e discernimento: Seu senso de justiça torna-se aguçado, o péssimo hábito de julgar diminui e a aceitação das diferenças fica maior.

- Gratidão e positivismo: Você agradece a tudo e a todos que passam pela sua vida e tem fé na sua jornada e no propósito da sua existência.

Agora que você conseguiu entender um pouco dos benefícios que o equilíbrio dessa sombra provoca, eu acredito que você já está entendendo o quanto você pode melhorar a sua vida se você souber equilibrá-la.

No próximo capítulo deste livro, eu vou lhe ensinar algumas técnicas simples para você saber o que fazer para cuidar do seu Eu Superior.

Essas práticas são tão, mas tão simples, que desde a minha vovozinha até a minha sobrinha de quatro anos conseguem fazer. E, mesmo sendo tão simples, você se impressionará com os resultados.

«**Você já consegue imaginar o estrago que a influência das três sombras desequilibradas pode gerar na sua vida?**»

«**Consegue imaginar que você pode nesse momento não estar sendo você mesmo?**»

«**Entende que você é uma sombra resultante de três outras sombras?**»

«**Será que você é você mesmo ou você é o que as três sombras desequilibradas querem que você seja?**»

Só o fato de você ter consciência dessas três sombras e de como elas podem afetar a sua vida, suas emoções, sua alma e seus pensamentos já é uma libertação. Eu acredito que o entendimento e a compreensão desses fatores podem mudar a sua vida desde já.

Então, vamos em frente, porque agora o meu principal objetivo é mostrar que você não tem como dizimar essas influências da sua existência, mas há a possibilidade de você domá-las. Afinal, a família, a sociedade e o Eu Superior são bênçãos na nossa vida, e, se devidamente balanceados, podemos viver o paraíso na Terra.

AVALIE-SE

O próximo passo agora é muito simples. Leia os itens abaixo e **determine notas de 0 a 10 para cada um**. Encontre a sua nota para cada tópico avaliando com calma.

SITUAÇÃO	NOTA
1. Não tenho o costume de meditar. A verdade é que o silêncio me tortura.	
2. Não costumo me conectar com algo maior.	
3. Sinto saudades de algo que não sei o que é ou algum lugar que nem sei se existe.	
4. Frequentemente sinto vazio existencial e solidão mesmo com pessoas ao meu redor.	

SITUAÇÃO	NOTA
5. Frequentemente saio da linha por motivos tolos.	
6. Tenho sono conturbado. Também me disperso fácil das coisas.	
7. Sofro frequentemente com o efeito esponja.	
8. Não sou de seguir a intuição.	
9. Costumo chegar em casa depois do trabalho com um nível elevado de exaustão.	

Conclusões sobre a sua avaliação

O item que você marcou com nota maior do que 5 influencia você. A nota 0 significa que você não recebe qualquer influência dele e a nota 10 demonstra que o nível é extremo.

Se 3 ou mais itens tiveram nota acima de 5, pode ter certeza que essa sombra o perturba muito. Ela o confunde na tarefa de ser o que você nasceu para ser.

PARTE 4.

COMO DOMAR AS SOMBRAS DA MENTE

Primeiramente, vamos relembrar que não há como acabar com as três sombras. Tudo o que você precisa é de clareza sobre como elas influenciam a sua vida e aprender a domá-las. Assim, você terá poder para barrar tudo o que seja nocivo.

Em segundo lugar, eu acredito sinceramente que a sua principal ação nesse sentido seja manter a avaliação que eu propus no capítulo anterior sempre atualizada. Ou seja, avalie-se sempre e foque em reduzir as notas.

Quando você controla, avalia e percebe, a sua consciência trabalha ao seu favor. É realmente uma questão de treino. Minha sugestão é fazer a sua avaliação uma vez ao mês e acompanhar as suas melhoras. Acredite, você se surpreenderá, pois apenas tomando consciência e avaliando-se uma vez ao mês, você começará a disparar incríveis mudanças.

Vou lembrá-lo de algo importante novamente: não há nada de errado em ter inimigos, desde que saibamos quais são e como atuam. Quando não sabemos que temos inimigos e desconhecemos a forma como atuam, tornamo-nos marionetes, presas fáceis.

E, terceiro, mas não menos importante, eu não acredito que se você focar em domar as três sombras de uma única vez você tenha sucesso.

A melhor forma de você baixar os níveis de influência é atuando na sombra mais tóxica no momento. Deixe-me explicar melhor.

No capítulo anterior, você aprendeu os detalhes de cada sombra, porque existem e como atuam. Ao final de cada sombra eu lhe convidei para fazer uma avaliação, lembra?

Pois bem, agora eu lhe pergunto: entre as três sombras, qual delas está lhe afetando mais? Qual teve a nota mais alta?

Descubra qual é essa sombra e concentre-se em fazer com que ela fique domada.

Então, logo depois de você descobrir qual é a sombra que está lhe afetando mais, complete esse simples exercício de clareza a seguir.

Preencha de acordo com as suas conclusões. Não há certo ou errado, mas a sua resposta real e sincera. Faça com dedicação, porque os resultados vão lhe impressionar.

ATUE NA SOMBRA MAIS TÓXICA

1. As três principais lições que aprendi sobre a sombra que mais me afeta são...

----

2. Descobri que essa sombra nunca será um problema desde que eu saiba...

----

3. Os principais erros que estava cometendo sobre esta sombra são... (Cite pelo menos três)

----

4. Eu entendi que existem muitas coisas que podem ser melhoradas sobre essa sombra. Mas há algo que eu posso fazer agora. Essa ação que é simples e eu posso fazer desde já é...

----

5. Eu descobri que não é culpa de ninguém eu permitir que essa sombra me influencie. Para isso, a minha principal estratégia para lidar com esse desafio de agora em diante será...

PARTE 5.

PROPÓSITO INABALÁVEL

Eu sou obstinado em buscar o simples e objetivo da vida. Eu gosto do que dá resultado e que qualquer pessoa pode aplicar.

Na segunda parte deste livro, você viu de forma prática quais são as nossas três Missões de Vida ("Eu", "Meus" e "O Todo"). Já na Parte 3 você conheceu as três sombras da mente e como elas atuam.

Agora, na parte 4, você descobriu a forma mais simples de dar uma guinada na sua vida: domando a sombra que mais está lhe afetando neste momento.

E tudo que foi falado aqui é de aplicação imediata e tem resultados comprovados. Então, chegou a hora de nós ligarmos esse conteúdo ao contexto dos propósitos inabaláveis.

«Mas o que são propósitos inabaláveis?»

Se todos temos uma missão genérica dividida em três partes, assim como eu mostrei para você na Parte 2, posso lhe dizer que o que alimenta a realização dessa missão é a existência de propósitos inabaláveis.

Eu vou lhe explicar fazendo uma analogia. Vamos supor que a sua missão seja construir uma casa. Agora, imagine que sem os materiais de construção a casa não seria possível, certo?

Então, se a sua missão é a sua casa, os seus propósitos são os materiais de construção, como tijolo, pedra, areia, cimento, ferro, etc. É importante entender que a sua missão na Terra é construída de diversos propósitos.

Formar um filho na faculdade, mudar de emprego, conquistar o seu negócio próprio, empreender, vender um imóvel, comprar uma passagem de avião, criar um projeto, mudar de estilo de vida, seguir um chamado, fazer uma festa incrível, conhecer um lugar sonhado, ajudar alguém, defender uma causa.

Quantos pequenos propósitos temos em nossas vidas? Quantos deles morrem porque desistimos de realizá-los no meio do caminho? E quantas dessas desistências significaram prejudicar a realização da sua missão?

Quem sabe você nunca tenha percebido isso, talvez já tenha percebido, mas o fato é que esses pequenos propósitos alimentam a sua alma, renovam sua energia, elevam seu poder pessoal e fazem com que você se sinta mais vivo.

Se atualmente existem tantas ferramentas de desenvolvimento e transformação pessoal acessíveis no mundo, além de tantos mentores, por qual motivo os seus sonhos ainda estão engavetados, esquecidos, abandonados?

O motivo é simples: esses sonhos não foram convertidos em propósitos inabaláveis, que façam seu coração vibrar de energia e confiança.

E a razão pela qual esses sonhos e projetos ainda estão escondidos, a causa pela qual muitas pessoas não são o que nasceram para ser, é justamente porque elas deixaram as sombras da mente dominarem os seus sonhos. Muitas se esquecem de suas missões e se cansam no meio do caminho.

Tudo que você tem a fazer é, em todos os momentos, prestar atenção nos seus sonhos. Em seguida, sempre que algo lhe tirar a energia, faça algumas perguntas para si mesmo como forma de reflexão.

Você precisa fechar os olhos, respirar profundamente três vezes antes de se perguntar as seguintes questões:

> **1. Por que estou perdendo energia nesse sonho/projeto/ideia/propósito?**
>
> **2. Essa resistência é real ou está sendo criada por minha mente?**
>
> **3. As tensões, preocupações, inseguranças ou angústias que estou sentindo são realmente minhas? Elas vêm de mim ou de outras fontes?** (*Essa terceira pergunta é a mais poderosa na minha opinião*)

Espere a resposta da pergunta três e mentalmente diga: *"Eu devolvo tudo que estou sentindo e que não me pertence aos remetentes com partículas de consciência".*

Esse é o meu mapa rápido para você limpar emoções negativas e ativar um poder inabalável para seus propósitos. Se ao final dessas três perguntas – em que a terceira deve ser finalizada com esse ato de devolução das sensações que não lhe pertencem –, algum sentimento ruim ainda permanecer, é porque realmente esse não é um propósito certo para você ou no mínimo você precisa amadurecer mais a sua ideia.

Amadurecer a ideia ou o projeto significa apenas que você precisa ligar o seu alerta interno, pensar mais, planejar mais, analisar mais. Contudo, você não deve agir de forma impetuosa. Apenas reflita profundamente e ligue o sinal de alerta para esses casos. Então, pode ter certeza que um pouco mais de tempo passará, você se observará melhor e chegará à conclusão certa.

Alguns sonhos, metas ou propósitos são assim, precisam ser elaborados, lapidados mesmo! A incrível notícia é que, em 90% dos casos, você começará a notar que a sua perda de energia vinha das sombras da sua mente que ainda não estavam domadas.

Você perceberá que elas foram surgindo na sua vida sorrateiramente querendo enterrar mais um sonho seu. Mas, com esse simples exercício, você já alinhará tudo em sua mente e os seus sonhos ficarão fortes outra vez. Você se lembrará do que realmente quer para você, de quem realmente é em essência e prestará atenção na sua própria sintonia interna. Por isso, faça-o sempre!

Pare de deixar os seus sonhos morrerem esquecidos dentro de uma gaveta! Alguns deles morrem antes mesmo de completar um segundo de vida. Isso acontece quando, ao mesmo tempo que você está imaginado, vozes dentro de você (às vezes até fora de você) dizem: "Esquece, isso não é para você", "Sai dessa", "Não inventa moda", "Será mesmo", "Olha, pensa bem, hein?".

Essas são apenas algumas das dezenas de pensamentos que surgem antes mesmo do sonho ser concebido dentro de você. Por isso, tome muito cuidado!

Não deixe um sonho morrer antes de aplicar as três perguntas. Você começará a ser guiado por seus propósitos inabaláveis, porque você sentirá o seu poder vindo deles. Assim, eles lhe darão mais força, em um fluxo incrível de crescimento, felicidade e abundância.

PARTE 6.

O DIA EM QUE AS COISAS NÃO ESTIVEREM TÃO BEM

Existem momentos em que as coisas dão errado, que a sua energia cai, que seu emocional fica abalado. Eu gostaria de dizer que achei a fórmula mágica para lhe ensinar essa blindagem emocional e mental, mas isso é mentira. Eu sei e você também sabe que, em algumas circunstâncias, vamos à lona, emocionalmente falando.

Existem várias fórmulas de felicidade, mas nenhuma delas existe sem muito treino, dedicação, enfrentamento dos nossos medos e superação dos nossos limites. Por isso, qualquer que seja a fórmula, o método ou o caminho, você precisa aprender a lidar com os momentos de baixa para que eles sejam eficientes.

Alguns caem e se levantam imediatamente, mas muitos não tem essa resiliência. O fato é que, às vezes, tudo o que sabemos não é o suficiente para nos tirar do buraco. É nesse momento que mais precisamos de amor. Sim! Amor mesmo, sem exagero. Não estou falando de nada vago, não. Realmente, precisamos da energia do amor.

E o que é o amor? Ele pode ser definido de várias formas clássicas, mas eu prefiro citá-lo como um fluxo de energia com o padrão mais elevado e equilibrado do universo.

Eu sei que, quando falo assim, posso passar a impressão de que o amor seja algo mais vago ainda. E é nesse ponto que entra algo que eu descobri e que mudou a minha vida.

Com três caminhos simples, você pode transformar a sua também. Se você tem sede, você já sabe que é só tomar água. Se você tem fome, você já sabe que basta se alimentar. Se você tem sono, já sabe também que é só dormir.

Todos nós estamos ligados a uma inteligência intuitiva e também treinada ao longo de nossa existência na história da Terra. Essa inteligência nos permite o conhecimento automático do que é o antídoto para cada problema. Nem precisamos pensar direito e já agimos com instinto.

Mas, no caso do amor, quando sentimos falta dele, o que devemos fazer?

Muitas vezes, fazemos muita confusão nessa hora. Deixa eu explicar melhor. Quando estamos com raiva no trânsito, estamos dando um sinal de que precisamos de mais amor. Quando estamos irritados com o chefe, o funcionário, o parceiro de trabalho, precisamos de mais amor.

No momento em que estamos cansados, sem paciência e sem vontade de fazer nada, precisamos de mais amor. Se estamos tristes, decepcionados ou magoados, precisamos de mais amor.

Mas o fato é que ainda não treinamos a nossa consciência para buscar o antídoto, do mesmo modo que treinamos quando estamos com sede, fome, frio, calor, sono, etc.

A verdade é que fomos treinados ao contrário. É só vivermos qualquer uma das situações citadas que nos tornamos perigosos – para nós mesmos, para as pessoas ou para o mundo à nossa volta. O que acontece é que temos reações destrutivas para cada um dos problemas que enfrentamos.

Tenho certeza que você pode se comportar diferente de mim quando você fica triste, bravo, irritado, decepcionado ou magoado. Porém, há algo que eu posso garantir.

Mesmo que você se comporte diferente de mim, que me comporto diferente do meu vizinho, todos nós reagimos negativamente: brigamos, explodimos, choramos, perdemos o ânimo, nos vitimizamos, nos culpamos e nos isolamos de todos.

Esses são sinais claros que o amor, na sua mais absoluta e simples forma, não está fluindo na sua consciência. Parece complicado, mas não é. É simples assim mesmo!

Pode ser que o seu treino para o amor demore, que leve uma vida inteira, que nunca seja perfeito, mas você sentirá a diferença.

O que eu vou lhe propor aqui não é só uma fórmula para quando nada der certo. É também uma receita para fazer quando tudo estiver fluindo em sua vida. Essa prática diária, quanto mais você treina, mais entende e mais conquista resultados preciosos.

Tudo que vou lhe ensinar agora é uma receita de três passos simples para você entrar em contato com a energia do amor. Por meio deles, você deixará esse fluxo elevado e equilibrado lhe curar, tratar e criar discernimento e paz sobre todas as coisas.

Sempre que se sentir mal, use essa técnica poderosa. Todos os dias, ao acordar, independente do que fará com o seu dia, use os passos a seguir. Ensine para outras pessoas, aplique quanto mais puder e mostre ao mundo que você está pleno desse fluxo.

ATIVE O FLUXO DO AMOR

O amor é um fluxo de energia, assim como o ódio. Por três minutos, todos os dias, escolha algo ou alguém para praticar esses passos que farão você entrar em sintonia com essa energia poderosa. Você pode pensar em coisas, pessoas, situações e acontecimentos. Tudo é válido e funciona muito bem!

Você pode usar os três passos simultaneamente ou apenas um deles. Utilize quantos você quiser, faça como achar melhor, o que for mais fácil. Contudo comece hoje! Comece agora!

PASSO 1 - ADMIRAÇÃO

Concentre-se em admirar alguma coisa com toda a entrega de sentimento. Pode ser a perfeição do controle-remoto da sua TV ou de qualquer outro utensílio da sua casa. Assim como olhar o pezinho lindo de um bebê, você também pode contemplar a natureza, uma flor, uma animal ou até mesmo considerar a capacidade de uma pessoa que você conhece de resolver problemas, de liderar ou de empreender.

Há algum amigo seu que é quase um "ninja" na arte de resolver algum problema? E você acha isso o máximo? Então admire!

Qualquer coisa vale, desde que seja envolvida em um sentimento genuíno de admiração.

Um dia desses eu estava na minha casa olhando fixamente para a lâmpada acesa da sala da minha casa. Ali eu fiquei por um bom tempo com os olhos fixos.

Então, minha esposa, que já estava me observando por alguns minutos, e até surpresa com minha postura estática olhando para a lâmpada, me perguntou:

– Bruno, você está bem?

– Sim, amor, estou ótimo. Respondi ainda estático sem mudar meu foco.

– Pelo amor de Deus, então me explica o que está acontecendo contigo. Por que você está vidrado olhando para a lâmpada desse jeito?

– Calma, amor, calma... Eu só estou contemplando o Thomas Edison e sua genialidade. Respondi ainda estático e com os olhos vidrados na direção da lâmpada.

Então, ela saiu da sala e foi rindo para o nosso jardim.

Naquele momento, eu me concentrei em admirar o quanto aquela lâmpada era uma invenção incrível e quantas coisas devem ter acontecido, quantas pessoas devem ter se dedicado, até que ela chegasse na minha sala e funcionasse sempre que eu acionasse o interruptor. Eu estava literalmente viajando naquele pensamento, plenamente sintonizado no fluxo da admiração que é o mesmo fluxo do amor.

Você só precisa admirar coisas e pessoas com outra profundidade. E pode fazer isso com coisas simples! Em poucos minutos, você já verá resultados na sua vida.

Saiba mais sobre si

1. As três coisas, pessoas, atitudes ou acontecimentos incríveis para eu admirar com um nível mais profundo de encantamento e que me vieram à mente neste exato momento são:

----

2. Muitas vezes, passo despercebido por coisas, pessoas e situações incríveis na minha vida. O que mais tenho deixado passar em branco sem admirar...

PASSO 2 - GRATIDÃO

Agradecer é sintonizar-se com um fluxo muito poderoso de vibrações elevadíssimas. Agora mesmo, pare tudo e agradeça a alguma coisa que está possibilitando que você esteja aqui lendo este livro.

Agradeça os seus olhos, os seus sentidos, o papel do livro, as suas mãos que seguram o livro e a luz que ilumina o ambiente, seja ela natural, seja emitida por uma lâmpada. Exatamente como eu admirei por esses dias.

Carregue essa máxima na sua vida: Quem não sabe agradecer sentindo plenamente o sentimento de gratidão não está aberto a receber mais presentes da vida.

O ingrato atrai mais coisas e situações para sentir-se sempre ingrato. Já o grato atrai mais situações e acontecimentos para continuar sentindo gratidão.

O ingrato se justificará dizendo que a sua ingratidão é devido a coisas ruins que acontecem em sua vida. Ele até poderá jurar que está certo, coberto de razão. Mas a verdade é que ele é ingrato primeiro para atrair as situações de ingratidão depois. Toda a ingratidão é reação a uma ação que é criada internamente pelo ingrato. Simples assim!

Profundamente e atentamente, exercite a gratidão todos os dias. Coloque um alarme para o seu celular despertar e lhe lembrar de agradecer. Seja grato por esse alarme, por esse *smartphone*. Agradeça a vida, a pessoa mais próxima de você no momento, e mude a sua realidade.

Inclusive, nessa hora, pense em três pessoas que foram fundamentais na sua vida e que você não as vê há tempo. Recorde o papel delas em sua existência.

Agradeça também as pessoas que lhe prestam serviço: o carteiro, o cozinheiro do seu restaurante preferido, o garçom, o jardineiro, o eletricista, o motoboy e a pessoa da limpeza. Seja grato por essas pessoas existirem e por parte do trabalho delas ajudar você. Transpire gratidão!

Muitas pessoas me dizem que se sentem bloqueadas para fazer isso. Algumas delas acreditam que, ao sentirem gratidão, estariam agradecendo "demais", o que poderia significar que elas são pessoas aproveitadoras.

Esse é um típico pensamento sintonizado no medo, porque, quando vibra na gratidão, você espanta aproveitadores e todas as situações ruins. Agora é com você! Agradeça!

Saiba mais sobre si

1. Hoje quero me recordar de três pessoas que foram fundamentais na minha vida e que não as vejo há tempo. Essas três pessoas que já me ajudaram muito no passado, as quais decidi lembrar com gratidão, são...

----

2. Cada uma dessas pessoas que decidi me lembrar com gratidão hoje foram muito importantes em diversos momentos da minha vida. Mas especificamente sou grato a elas porque...

(Lembre uma pequena passagem de cada pessoa pela qual você se sente grato. Anote o nome da pessoa e diga a passagem resumidamente).

----

3. Sei que tenho muito para conquistar e muito para evoluir, mas hoje quero comemorar pequenas vitórias da minha vida. Essas pequenas vitórias que conquistei recentemente são...

(Aqui anote tudo que você fez de bom, mesmo coisas simples e pequenas, como ligar para alguém que não falava há muito tempo, perdoar alguém, o primeiro passo de um novo hábito, etc.)

----

4. Tenho coisas incríveis na minha vida. Mas algumas eu decidi me lembrar no dia de hoje. Eu sou especialmente grato por...

(Cite tudo o que vier à sua mente, todas as coisas pelas quais você se sente grato, não há objeção. Se você sente gratidão por essa coisa, pessoa, situação ou acontecimento, então escreva!)

PASSO 3 - INSPIRAÇÃO

Esse passo é muito parecido com a admiração, mas não é igual. Na inspiração você não só admira, mas também segue os exemplos.

«Quem são as três pessoas que mais lhe inspiram?»

Acredite, se você demorou mais do que 10 segundos para falar de três pessoas que você segue e que realmente lhe inspiram, você não sabe ativar o passo 3.

Aprenda com os ensinamentos de quem lhe inspira. Siga essas pessoas o quanto puder com o objetivo de aplicar as lições delas em sua vida.

No século XXI, com tanta informação à sua disposição, você pode ter alguém para lhe inspirar em cada uma das centenas de áreas da sua vida que você quer melhorar e desenvolver.

Eu lhe digo que eu me inspiro em mais de trinta pessoas todos os dias. Eu os sigo, eu aprendo com eles, e uso os seus ensinamentos para cada área da minha vida que eu acho que se encaixa com os aprendizados.

Além disso, as pessoas que lhe inspiram variam de época para época. Preocupe-se com as pessoas que não se inspiram em ninguém. Essas pessoas perderam referência ou estão envolvidas em medo e orgulho. A verdade é que medo e orgulho são o mesmo veneno destilado de formas diferentes.

Conversando com pessoas que tem o hábito de não se inspirar em ninguém, eu descobri que elas agem dessa forma porque procuram sempre um ideal de perfeição, e o resultado é que nunca encontram.

A maioria das pessoas que eu me inspiro são ótimas em umas áreas e péssimas em outras. É assim mesmo! Você só precisa se inspirar no que é bom.

O exercício é bem simples, mas é "porrada" como dizemos na minha cidade natal. Dedique poucos minutos para pensar na lista de pessoas que lhe inspiram. Pessoas sem mentores são pessoas sem referência. Eles podem estar nos livros, podem estar na internet, podem estar do outro lado do mundo e você ter muito pouco acesso.

Tudo bem, o que importa são as principais lições que você aprender com os mentores de cada área da sua vida que você decidiu se inspirar. Simples assim!

Saiba mais sobre si

1. As cinco maiores referências que me inspiram neste momento da minha vida são...

----

2. Eu escolhi essas cinco referências porque cada uma delas contribui muito para me inspirar em diferentes áreas da minha vida. As pessoas que me inspiram e as respectivas áreas relacionadas são... (Aqui diga o nome da pessoa e em qual área ela lhe inspira)

Como você pode ver, são exercícios simples, mas testados e aprovados para mudar a vida de qualquer pessoa, sem desculpas e justificativas.

É só fazer e refazer, uma vez ao dia e pronto: o fluxo do amor mudará você, a sua visão de mundo, o seu trabalho, a sua casa, a sua família, é garantido!

Esses três passos para abrir o fluxo do amor na sua vida ativará poderes internos que você não imaginava que tinha. Por isso, não se surpreenda com a leveza e clareza que você sentirá. Contudo, você precisará fazer consistentemente, hoje, amanhã e depois.

Se você fizer uma vez ou outra apenas, não perceberá nada de diferente. Seja consistente, não levará nem 8 minutos.

PARTE FINAL

SEJA VOCÊ MESMO SEMPRE

Tudo o que você quer é ser feliz. No fundo, todas as motivações que você tem pedem a mesma coisa: o amor e a felicidade. Por isso, queremos agradar aos outros mais do que a nós mesmos. Assim, acabamos nos esquecendo de quem nós somos e damos vida a um sofrimento desnecessário.

Porém, quando nos lembramos de sonhar, de criar propósitos, dos simples e pequenos aos grandes e audaciosos, nos permitimos crescer e brilhar. Curiosamente quando vivemos desafios e novidades, constantemente, ativamos um estado químico muitíssimo saudável no cérebro, que, por si só, já espanta diversos males como depressões, neuroses e crises de pânico.

Se não conhecemos os nossos inimigos internos ou as sombras da mente, tudo fica mais difícil e pesado, porque damos vida a várias sombras que brigam com o nosso verdadeiro "eu".

Em um ciclo vicioso, procuramos cada vez mais sair de nós mesmos, buscando força nos outros, no externo. Com isso, aumentamos ainda mais o nosso sofrimento e perdemos energia para conquistar os nossos sonhos.

Então, quando você se abre para pensar a sua missão de vida, seus propósitos e suas metas, de forma sincera e honesta, você descobre um poder sem fim. Quando você brilha sendo você mesmo e realizando a sua missão, você encanta, impacta e inspira ainda mais as pessoas ao seu redor.

Com isso, você descobre definitivamente que as pessoas à sua volta não queriam lhe manipular. Elas só buscavam não sofrer por ver você escolhendo caminhos dolorosos. Elas só esperavam que você evitasse que elas se sentissem mal. Acredite, é uma forma de cuidar meio estranha, mas também é uma forma de amor.

Mas, se você aprende a ser você mesmo em essência, você brilha! Os seus olhos, a sua aura e a sua presença se tornam impregnadas de um poder pessoal que ninguém consegue explicar. É esse poder pessoal que vai lhe fazer ter propósitos inabaláveis. Tudo mudará para melhor e você inspirará mais e mais transformações.

Eu acredito em você! Eu sei que se você pode mergulhar dentro de si mesmo, acreditar em seus propósitos inabaláveis e ser quem nasceu para ser. O mundo se abrirá para você!

Eu sei que este livro ampliará os seus caminhos! Eu tenho um propósito inabalável com este trabalho, e tenho certeza que você pode ser quem nasceu para ser e brilhar! Que o brilho sagrado de ser você em essência ilumine a sua jornada!

Eu quero saber das suas vitórias! Eu quero lhe ver brilhando! Conte-me as suas conquistas, fale mais sobre você! Siga o nosso canal no YouTube e comente por lá o que são os seus propósitos inabaláveis.

Até a próxima!

Eu acredito em você, senão não estaria aqui!

Muita Luz,

Bruno J. Gimenes

Se a FAMÍLIA, *a* SOCIEDADE *ou o seu* EU SUPERIOR ᴌʜᴇ *influenciam,* organize a sua **vida** para que essa *influência* seja **POSITIVA.**

OUTRAS PUBLICAÇÕES

Luz da Serra
EDITORA

Decisões:
Encontrando a missão da sua alma
Bruno J. Gimenes

Nesse livro, o autor apresenta de forma clara o motivo pelo qual você pode atrair e desencadear situações tanto negativas quanto positivas em sua vida e que tudo é uma questão de frequência do pensamento. De forma simples e objetiva, são apresentadas dicas de como mudar a sua sintonia para remover as interferências e recriar um padrão que vai lhe deixar em ressonância com um universo de harmonia, prosperidade e infinitas possibilidades de crescimento pessoal.

Páginas: 168
Formato: 16x23cm
ISBN: 978-85-64463-08-0

Evolução Espiritual na Prática
Bruno J. Gimenes e Patrícia Cândido

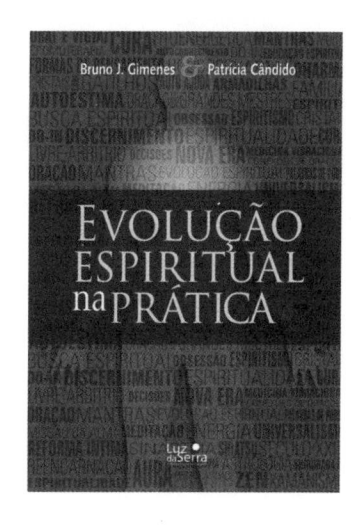

Esse trabalho é uma séria proposta que visa contribuir na evolução espiritual universalista (sem cunho religioso), na prática do dia a dia, com uma linguagem diferenciada por sua simplicidade e objetividade. É um manual prático que proporciona ao leitor, condições de acelerar sua evolução espiritual, de forma consciente, harmoniosa, inspirando valores para alma, que o faça refletir sobre o sentido da vida e seus aprendizados constantes.

Páginas: 344
Formato:16x23cm
ISBN: 978-85-7727-200-6

O Criador da Realidade: a vida dos seus sonhos é possível
Bruno J. Gimenes e Patrícia Cândido

O Criador da Realidade é uma obra que vai trazer mais prosperidade e possibilidades à sua vida, pois lhe transformará em um criador consciente da sua realidade. De forma direta e eficiente, oferece todas as informações que você precisa saber para transformar a sua vida em uma história de sucesso, em todos os sentidos: saúde, relacionamentos, dinheiro, paz de espírito, trabalho e muito mais.

Páginas: 128
Formato:14x21cm
ISBN: 978-85-7727-234-1

Viva a sua missão
Bruno J. Gimenes

A nossa sociedade enfrenta um problema silencioso muito grave: a maior parte das pessoas vive envolvida em um sentimento de frustração, descontentamento, insatisfação pela vida e um profundo vazio no peito que corrói o corpo e a alma. Provavelmente você já sentiu ou sente que esse problema também afeta a sua vida. As principais consequências são: conflitos na autoestima, escassez financeira e falta de prosperidade, doenças, desequilíbrios emocionais agudos e conflitos de relacionamento. Depois de mergulhar mais de 12 anos no tema da transformação pessoal e na compreensão da missão da alma de cada ser, o autor criou um método para você mudar o rumo da sua vida e encontrar a missão da sua alma.

Páginas: 184
Tamanho: 16x23cm
ISBN: 978-85-64463-45-5

Fitoenergética: a energia das plantas no equilíbrio da alma
Bruno J. Gimenes

O poder oculto das plantas apresentado de uma maneira que você jamais viu. A Fitoenergética é um sistema de cura natural que apresenta ao leitor a sabedoria que estava escondida e deixada de lado em função dos novos tempos. É um livro inédito no mundo que mostra um sério e aprofundado estudo sobre as propriedades energéticas das plantas e seus efeitos sobre todos os seres.

Páginas: 304
Formato: 16x23cm
ISBN: 978-85-7727-180-1

O Chamado da Luz
Bruno J. Gimenes

O Chamado da Luz é um movimento espiritual emanado pelos mensageiros de Luz para ajudar na transformação da consciência humana. Nesta obra, o autor mostra o que acontece com a sua alma quando o seu corpo dorme e como você pode transformar a sua vida através da oração e das escolas espirituais, como por exemplo, o Instituto Escola das Mães, que prepara as futuras mães para receberem os seus filhos. Mergulhe no Chamado da Luz, pois o amor é para todos! Este livro faz parte da Trilogia composta por: "Símbolos de Força: a volta dos Iniciados" e "Ativações Espirituais: Obsessão e Evolução pelos implantes extrafísicos".

Páginas: 164
Tamanho: 16x23cm
ISBN: 978-85-64463-15-8

Transformação pessoal, crescimento contínuo, aprendizado com equilíbrio e consciência elevada.

Essas palavras fazem sentido para você?

Se você busca a sua evolução espiritual, acesse os nossos sites e redes sociais:

iniciados.com
www.luzdaserra.com.br
www.luzdaserraeditora.com.br

www.facebook.com/luzdaserraonline

www.instagram.com/luzdaserraeditora

www.youtube.com/Luzdaserra

Luz da Serra
EDITORA

Avenida 15 de Novembro, 785 – Centro
Nova Petrópolis / RS – CEP 95150-000
Fone: (54) 3281-4399 / (54) 99113-7657
E-mail: editora@luzdaserra.com.br